AF609204

DES HALLES ET MARCHÉS

ET DU COMMERCE

DES OBJETS DE CONSOMMATION

A LONDRES ET A PARIS.

RAPPORT A S. EXC. M. LE MINISTRE

DE L'AGRICULTURE, DU COMMERCE ET DES TRAVAUX PUBLICS,

PAR J. ROBERT DE MASSY,

DOCTEUR EN DROIT, RÉDACTEUR A LA DIRECTION DE L'AGRICULTURE.

Ire PARTIE. — LONDRES.

PARIS.

IMPRIMERIE IMPÉRIALE.

M DCCC LXI.

RAPPORT

A S. EXC. M. LE MINISTRE DE L'AGRICULTURE, DU COMMERCE ET DES TRAVAUX PUBLICS.

Monsieur le Ministre,

Votre Excellence m'a fait l'honneur de me confier une mission, ayant pour objet d'étudier les diverses questions concernant l'organisation des halles et marchés et le commerce des objets de consommation dans la ville de Londres. Je viens lui rendre compte des résultats du travail auquel je me suis livré sur cette importante matière, en prenant pour base de mes recherches le programme qu'elle m'avait tracé.

Les renseignements contenus dans le rapport que je lui soumets ont été puisés à une double source : une très-grande partie m'a été fournie directement sur les lieux mêmes, par les inspecteurs des marchés, les commerçants et les autres personnes que j'ai consultées. Je dois rendre hommage ici à l'obligeant empressement que j'ai rencontré auprès de l'administration municipale de la Cité de Londres et de ses fonctionnaires, aussi bien qu'auprès des particuliers auxquels je me suis adressé. L'accueil sympathique que j'ai reçu partout a été dû principalement, d'ailleurs, au patronage dont M. le conseiller d'État Le Play et M. Gaillard de Ferry, consul général de France, ont bien voulu m'entourer. Enfin, j'ai trouvé, dans une des maisons qui représentent avec le plus d'éclat le commerce français à Londres, la maison Pastré, un concours qui m'a été extrêmement utile pour l'accomplissement de la tâche que j'avais à remplir.

En dehors des investigations personnelles que j'ai pu faire à Londres, je me suis entouré, pour la préparation de mon travail, de nombreux documents officiels et des publications les plus accréditées, concernant les questions dont j'avais à m'occuper.

Suivant le désir de Votre Excellence, je dois faire à Paris des études analogues sur les marchés et le mécanisme général de l'approvisionnement. J'exposerai des résultats de ce nouveau travail dans un second rapport que j'aurai l'honneur d'adresser ultérieurement à Votre Excellence.

Enfin, dans un résumé général, je présenterai la comparaison des deux régimes adoptés à Londres et à Paris pour l'organisation des marchés et le commerce des denrées alimentaires, en faisant ressortir les différences et les analogies qui peuvent exister, sous ce rapport, entre les deux capitales.

J'ai l'honneur d'être,

Monsieur le Ministre,

Avec un profond respect, de Votre Excellence,

Le très-humble et très-obéissant serviteur,

J. ROBERT DE MASSY.

Paris, le 20 février 1860.

PREMIÈRE PARTIE.

DES HALLES ET MARCHÉS

ET

DU COMMERCE DES OBJETS DE CONSOMMATION

A LONDRES.

DES HALLES ET MARCHÉS

ET

DU COMMERCE DES OBJETS DE CONSOMMATION

A LONDRES.

Le mécanisme de l'approvisionnement de Londres est extrêmement complexe, et divers motifs s'opposent à ce qu'on puisse ramener à un type uniforme l'organisation des différents marchés de cette ville. D'une part, en effet, Londres ne présente pas un tout homogène, administrativement parlant; la Cité, qui forme une partie seulement de la ville, a une individualité propre, avec des droits, des priviléges et des obligations déterminées.

En dehors de la Cité, on trouve des districts ou des paroisses qui ont des lois et une organisation différentes; de telle sorte que les dispositions applicables à la Cité ne le sont pas aux parties de la ville situées en dehors de son périmètre, et réciproquement.

D'un autre côté, les marchés de Londres situés soit dans la Cité, soit en dehors, appartiennent à des propriétaires de nature très-diverse. Les uns sont la propriété de la corporation même de Londres, les autres celle de compagnies autorisées par actes du Parlement, d'autres enfin sont possédés par de simples particuliers.

Enfin, pour les ventes en gros, les habitudes commerciales varient à Londres avec chaque denrée. Certaines marchandises sont apportées et vendues, pour la plus grande partie, sur les marchés : telles sont le poisson, les légumes, le gibier, la volaille; les autres restent déposées dans les magasins commerciaux et sont vendues de gré à gré, sur échantillons, dans des halles publiques; les grains et farines, et les charbons notamment se trouvent dans ce dernier cas. Quelques autres encore, les denrées coloniales, par exemple, se vendent surtout aux enchères, dans des salles spéciales, par le ministère de courtiers généralement assermentés. Enfin d'autres usages sont suivis pour la vente du beurre, du fromage, des œufs, etc.

Par suite de la multiplicité et de la diversité de ces combinaisons, j'ai pensé que la meilleure division à adopter consistait à grouper d'abord tous les renseignements généraux applicables aux marchés de Londres et au commerce en gros des objets de consommation, et à indiquer ensuite, dans des sections séparées, les détails relatifs à la vente de chacun de ces objets.

Tel est l'ordre que j'ai suivi dans mon travail.

RENSEIGNEMENTS GÉNÉRAUX.

Étendue et population de Londres.

Il est assez difficile d'indiquer l'étendue exacte de Londres, car il n'existe ni octroi ni mur d'enceinte qui puisse servir à déterminer les limites réelles de la ville. Chaque année, d'ailleurs, son périmètre s'agrandit, par suite de nouvelles constructions qui viennent s'annexer, en tous sens, à cette agglomération déjà si considérable. En 1851, les relevés du recensement officiel ont attribué à l'ensemble de la ville, désignée sous le nom de *Métropole,* une superficie de 78,000 acres, ou près de 32,000 hectares. La population de Londres était, à la même époque, d'après les mêmes documents, de 2,362,000 habitants; actuellement, les calculs les plus modérés en portent le chiffre à 2,600,000.

Mode d'approvisionnement.

Ce vaste centre de consommation est largement approvisionné en denrées de toutes espèces par les apports de la navigation et des chemins de fer; la Tamise et les canaux d'un côté, de l'autre, l'immense réseau de voies ferrées qui couvre le sol de la Grande-Bretagne et vient aboutir à Londres, font affluer chaque jour, dans la Métropole, les produits, non-seulement des comtés anglais et gallois, de l'Écosse et de l'Irlande, mais encore ceux des contrées les plus lointaines; car, sans parler des produits coloniaux que fournissent les Indes occidendentales et orientales, Londres reçoit une portion de ses blés et farines de la Russie, de l'Amérique et de la France; du bétail de la Hollande, du Danemark et de la France; du jambon de l'Espagne et de l'Allemagne; du gibier de Suède et de Norwége; de la volaille et des œufs de France, de Hollande et de Belgique; du beurre et du fromage de Hollande, d'Amérique et de France; du poisson de Hollande et de Norwége; des fruits d'Espagne, d'Italie, de France, etc.

Liberté des transactions.

C'est à l'initiative commerciale qu'il appartient de régler l'importance de ces arrivages comme d'en opérer la distribution, en dehors de toute intervention de l'autorité centrale ou locale. Il n'existe aucun règlement, soit pour rendre obligatoire l'apport de telle ou telle denrée sur les marchés publics, soit pour localiser les ventes, soit pour prescrire l'emploi d'intermédiaires officiels. Toutes les transactions sont libres, et chacun a la faculté de placer ses marchandises là où il le veut, et de les vendre quand et comme il lui plaît.

Les seules obligations auxquelles les commerçants sont assujettis consistent à acquitter les droits de douane et les taxes municipales de navigation, dont il est parlé plus loin, et qui frappent certaines denrées de consommation, telles que le grain, le poisson, les œufs, les pommes de terre, etc., introduites par la Tamise.

A leur arrivée à Londres, les différents articles de consommation sont déposés soit dans les docks, soit dans les magasins particuliers qui bordent les deux rives de la Tamise, ou sont situés dans l'intérieur de la ville ; ou bien, ces marchandises sont conduites sur les marchés ou chez les destinataires, qui ne sont le plus souvent que des intermédiaires chargés d'opérer la vente moyennant commission.

Le choix de l'une ou l'autre de ces destinations, laissé à l'appréciation des expéditeurs, n'est pas influencé par des tarifs différentiels afférents à des droits municipaux, aucune taxe de consommation proprement dite ne frappant les denrées alimentaires.

Concentration de fait de la vente en gros sur un petit nombre de points.

Si le mode et le lieu de la vente des objets destinés à l'approvisionnement de Londres ne sont réglés par aucune disposition spéciale, il importe de dire qu'en fait la vente en gros est à la fois spécialisée par nature de denrées, et concentrée, pour chaque espèce de marchandises, sur un très-petit nombre de points, et cette concentration est rendue chaque jour plus complète, par la seule initiative du commerce; ce mouvement a été indiqué d'une manière très-nette, pour la vente de la viande, dans une enquête faite en 1856, à l'occasion du projet d'établissement d'un nouveau marché central. « C'est un fait curieux, disait dans cette enquête un inspecteur de la ville, que, tandis que la population de la Métropole a doublé et au delà depuis quarante ans, et que l'accroissement de la consommation de la viande a dépassé celui de la population, par suite de l'amélioration qui s'est introduite dans la manière de vivre des habitants, c'est un fait curieux, disait-il, que cette prodigieuse augmentation se soit exclusivement portée sur le seul marché de Newgate. Un grand nombre de petits marchés que possédait Londres, il y a trente ou quarante ans, ont disparu, et le commerce a pris l'habitude de se restreindre à un marché unique, qui lui offre un approvisionnement plus large et un choix plus complet et meilleur pour les achats qu'il veut faire. » On peut ajouter que cette concentration ne sert pas moins les intérêts des producteurs et des expéditeurs, auxquels elle ouvre un débouché plus sûr et plus régulier pour le placement de leurs marchandises.

Un fait analogue s'est manifesté pour les autres denrées ; ainsi, la vente en gros du poisson a lieu à peu près exclusivement à *Billingsgate market,* et presque tout le poisson consommé à Londres est apporté à ce marché. Celui de *Hungerford,* placé également sur la Tamise, et qui devait lui faire concurrence, n'a pu réussir et ne reçoit presque plus d'approvisionnements. De même encore le gibier et la volaille se concentrent à *Leadenhall market;* des quatre marchés affectés à la vente des fruits et légumes, celui de *Covent-Garden* est le plus considérable, et sur ceux de *Farringdon*, de *Spitalfield* et de *Borough market*, les affaires ont une importance relativement beaucoup moindre. En résumé, tous les petits marchés d'approvisionnement de Londres tendent à s'amoindrir et à se transformer en marchés de détail, et la centralisation des ventes en gros sur un point unique s'établit de plus en plus par l'action spontanée d'un commerce entièrement libre.

Réunion de la vente en gros à la vente au détail sur les marchés.

La plupart des marchés de Londres, notamment les marchés à la viande, au poisson, aux légumes, réunissent la vente en gros à la vente au détail : les mêmes personnes peuvent y exercer les deux modes de vente; mais, en fait, il arrive le plus ordinairement que chaque espèce de vente est accomplie par des commerçants séparés, les ventes en gros par des commissionnaires, les ventes au détail par des marchands. Lorsque les dispositions du local le permettent, les deux sortes de vente ont lieu simultanément, sans qu'aucune démarcation réglementaire limite l'emplacement réservé à l'une ou à l'autre. Sur les marchés où la vente en gros envahit toutes les places, les détaillants succèdent aux approvisionneurs, et s'installent au fur et à mesure que ceux-ci finissent leurs opérations.

En résumé, la simultanéité et la succession des ventes n'est réglée que par les convenances du commerce et l'intérêt du bon ordre, mais les transactions commerciales demeurent entièrement libres, en ce sens que chacun peut vendre en gros ou au détail, que les quantités vendues ne sont soumises à aucune réglementation, et que les reventes successives des mêmes objets ne sont ni interdites ni limitées nulle part.

Marchés de détail.

Indépendamment des marchés d'approvisionnement dont il vient d'être parlé, il existe à Londres des marchés de quartier, qui ne sont proprement que des marchés de détail, affectés à la vente de denrées de même espèce ou de nature diverse: tels sont les marchés d'Oxford, de Portman, etc.; sur ces marchés d'ailleurs les ventes en gros ne sont pas interdites; de plus, à certains jours de la semaine, le samedi soir notamment, on voit s'installer dans quelques rues populeuses, dans des carrefours ou des passages, des étalages mobiles dont la réunion constitue de véritables marchés où les petits ménages viennent faire leurs provisions pour le dimanche, et quelquefois pour toute la semaine suivante.

Institution des marchés.

Les marchés actuels de Londres ont été institués soit par lettres patentes ou par actes du Parlement. Quelques-uns ont une existence immémoriale, et l'origine n'en est pas exactement connue. Tous ces marchés appartiennent, soit à la corporation de Londres (*Metropolitan cattle market, Newgate, Leadenhall, Billingsgate, Farringdon, Smithfield markets*), soit à des compagnies régulièrement autorisées (*Corn Exchange, Hungerford market*), soit à des particuliers

(*Covent-Garden market*) (légumes), au duc de Bedford (*Spitalfield market*) (légumes), à M. John Sperling, etc.; soit à des paroisses, comme le *Borough market* (légumes).

Règles générales.

Un acte du Parlement de 1847 (10 Victoria, c. 14) a prescrit des dispositions générales pour la création et la tenue des foires et marchés, non-seulement à Londres, mais encore dans tout le Royaume-Uni. Aux termes de cette loi, l'institution des foires et marchés ne peut plus avoir lieu qu'en vertu d'un acte spécial du Parlement. Chaque loi de création confère aux entrepreneurs ou concessionnaires les pouvoirs nécessaires pour faire les expropriations de terrain et les travaux relatifs à l'établissement projeté.

L'ouverture de tout nouveau marché doit être annoncée publiquement au moins dix jours à l'avance, et les concessionnaires doivent faire connaître en même temps les jours qu'ils ont choisis pour la tenue du marché.

Droits de place. — Établissement des tarifs.

Les concessionnaires sont autorisés à percevoir des droits de place et des taxes sur les denrées apportées sur les marchés. Le maximum de ces diverses redevances est ordinairement fixé par l'acte même d'institution; de plus, les tarifs établis par les propriétaires des marchés, dans ces limites, doivent être préalablement soumis à l'approbation du lord trésorier; une fois mis en vigueur, ils doivent être affichés dans un endroit apparent du marché.

Diverses espèces de droits.

Les droits sont, en général, de deux espèces :

Les uns, désignés sous le nom de *rents* ou *stallages*, sont plus spécialement des droits de location, et sont dus pour l'occupation de boutiques, comptoirs ou emplacements quelconques dépendant du marché;

Les autres, auxquels on donne le nom général de *tolls* (taxes), s'appliquent aux marchandises ou objets apportés sur le marché.

Ces droits, du reste, ne sauraient être considérés comme des taxes de consommation : ils n'ont pas un caractère municipal, puisqu'ils sont établis par les propriétaires des marchés, quels qu'ils soient, et perçus à leur profit; ce ne sont, en réalité, que des droits d'abri perçus proportionnellement aux quantités exposées en vente. Les tarifs, généralement très-modérés, applicables à ces droits, sont indiqués ci-après pour les principaux marchés.

Ces tarifs doivent toujours être soumis à l'approbation de l'autorité supérieure, comme il a été dit plus haut; mais les droits de location applicables aux étaux, boutiques, etc., sont, le plus souvent, réglés de gré à gré, en dehors de toute sanction administrative. Sur quelques marchés, à *Newgate market*, par exemple, les *tolls* ont été supprimés pour la viande vendue en gros, et ces droits ont été confondus avec la redevance payée pour la location des places. Cette mesure a été motivée par l'exiguïté du marché, et par la difficulté de percevoir les taxes sur chaque lot de viande, à cause de l'encombrement des marchandises, et de la rapidité avec laquelle les enlèvements doivent se faire.

Droits municipaux de navigation.

Indépendamment des droits applicables à la location des places et à l'apport des denrées sur les marchés, un certain nombre d'articles sont soumis à des droits spéciaux (*dues*) lorsqu'ils arrivent dans le port de Londres. Ces droits, perçus au profit de la corporation de Londres, paraissent avoir une ancienne origine et se rattachent à certains règlements de navigation en vertu desquels le lord maire a été institué le *conservateur* de la Tamise. Ces droits ne frappent pas les denrées assujetties, lorsqu'elles entrent à Londres par une autre voie que la Tamise.

Voici le tarif de ces droits, qui sont, comme on peut le voir, extrêmement modérés [1]:

	Shill.	Den.		Fr.	C.
Beurre, par quartaut (*firkin*) de 25 kilog.	1	4	—	1	66
Beurre, par chargement (*cargo*)........	1	0	—	1	25
Fromage, par tonne de 1,015 kilog......	0	8	—	0	83

[1] Ce tarif m'a été communiqué par M. Woodthorpe, secrétaire de la Cité de Londres (*town clerk*), à l'obligeance duquel je dois aussi une grande partie des renseignements concernant l'organisation et le personnel des marchés de la corporation municipale.

	Shill.	Den.		Fr.	C.
Fromage, par chargement (*cargo*)......	1	0	—	1	25
Poisson salé ou mariné (*salt or pickled*), 10 barils (de 12 kilog.) et au-dessus, par chargement (*cargo*).............	1	0	—	1	25
OEufs, 10 caisses (*chests*) et au-dessus, par chargement......................	1	0	—	1	25
Grains..........................	1	0	—	1	25
Fruits et racines, 40 boisseaux (de 36 lit. 5) et au-dessus......................	1	0	—	1	25
Sel, par chargement................	2	0	—	2	50

Règlements concernant les marchés.

Les propriétaires des marchés sont autorisés, par les actes d'institution, à faire des règlements dont les dispositions peuvent être sanctionnées par des amendes plus ou moins élevées.

Points sur lesquels portent ces règlements.

Le statut général de 1847 a indiqué, de la manière suivante, les points sur lesquels ces règlements pouvaient porter :

Régler la destination et l'usage du marché et des bâtiments et emplacements qui le composent ; prévenir tout encombrement (*obstruction*), embarras (*nuisance*), sur le marché ou dans les places et rues y attenantes (*immediate approaches*);

Fixer les jours et heures de tenue du marché;

Régler l'inspection des abattoirs (*slaughter houses*); prendre les dispositions nécessaires pour les maintenir constamment en état de propreté; prescrire l'enlèvement, au moins une fois par vingt-quatre heures, de tous les débris et ordures (*filth or refuse*); ordonner que ces établissements soient pourvus d'une quantité d'eau suffisante et empêcher qu'il n'y soit commis aucun acte de cruauté;

Régler le mode d'arrivage et le placement des voitures qui viennent au marché (*regulate the carriers resorting to the market*) et fixer les taxes à percevoir pour le déchargement des marchandises qu'elles contiennent;

Régler l'usage des instruments de pesage fournis par les propriétaires du marché, et empêcher l'usage de poids, balances ou mesures faux et défectueux;

Interdire la vente ou l'exposition en vente sur le marché de denrées gâtées ou malsaines (*unwholesome*).

En dehors des points énumérés dans l'acte de 1847, on trouve encore, dans les règlements applicables aux marchés actuellement existants, quelques autres dispositions ayant pour objet, soit de défendre l'apport au marché ou la vente de marchandises quelconques pendant la journée du dimanche, soit de prescrire l'emploi obligatoire, pour le chargement et le déchargement des marchandises, de forts ou porteurs (*porters*) institués par les propriétaires mêmes du marché; cette dernière disposition est spécialement en vigueur sur les marchés de Billingsgate (poisson), de Covent-Garden (fruits et légumes), et sur le *Metropolitan cattle market* (bestiaux).

Les dispositions réglementaires concernant les marchés de Londres sont généralement sanctionnées par des amendes plus ou moins élevées. Mais ces règlements doivent être, avant leur mise à exécution, soumis à l'approbation préalable des juges des sessions trimestrielles (*justices at quarter sessions*) et cette approbation elle-même doit être sanctionnée par un des lords secrétaires d'État (le ministre de l'intérieur). Ces règlements sont affichés dans un endroit apparent du marché : les modifications qui peuvent y être apportées sont subordonnées à l'accomplissement des mêmes formalités.

Suppression des marchés.

Le statut général de 1847, relatif aux foires et marchés, ne contient pas de dispositions spéciales pour la suppression de ces établissements. Le plus souvent, cette suppression est prononcée par l'acte du Parlement qui autorise une nouvelle institution; c'est ce qui a eu lieu, il y a une vingtaine d'années, pour le déplacement du marché au foin, alors établi à *Hay market*, et, plus récemment, pour la fermeture de l'ancien marché aux bestiaux de Smithfield, auquel on a substitué le nouveau marché d'Islington. Cependant, quelques marchés de moindre importance se sont éteints d'eux-mêmes et sans aucune intervention législative, par le seul fait de l'éloignement spontané des commerçants qui les fréquentaient précédemment.

Nomination du personnel des marchés.

Le personnel attaché à chaque marché est nommé et révoqué par les propriétaires du marché, qui en règlent la composition à leur guise, d'après les besoins du service. Ce personnel est, d'ailleurs, fort peu nombreux. Il ne comporte guère, en général, qu'un inspecteur-receveur (*clerk and collector*), assisté quelquefois d'un adjoint, et un ou deux agents inférieurs désignés communément sous le nom de *beadles*.

Inspection des marchés.

Le *clerk* est chargé, soit de la perception des taxes, soit de l'inspection des denrées, soit enfin de la surveillance et de la police même du marché; les *beadles* ont pour mission de maintenir l'ordre, de diriger le placement des marchandises et de signaler aux préposés les diverses infractions aux règlements. Sur quelques marchés, des agents de la police métropolitaine (*constables* ou *policemen*) sont, en outre, lorsque les besoins du service l'exigent, mis à la disposition des *clerks*.

Organisation générale des marchés de la corporation.

Mais l'administration des marchés appartenant à la corporation municipale forme, dans son ensemble, un service spécial organisé hiérarchiquement.

Au sommet de cette hiérarchie, on trouve le lord maire, les *aldermen* et le *common council* (conseil municipal); c'est à ces autorités qu'appartient la nomination de certains fonctionnaires supérieurs chargés de la surveillance des marchés; ce sont elles aussi qui, sur le rapport des comités spéciaux, approuvent les tarifs des droits, les règlements, et statuent sur les questions les plus importantes relatives à la création, à l'organisation ou à la suppression des marchés.

Comités.

Des comités spéciaux, pris dans le sein du *common council,* sont chargés, soit de la surveillance des marchés en ce qui concerne la gestion administrative ou financière, soit de l'étude des diverses améliorations ou modifications qu'ils peuvent comporter.

Markets committee.

Le premier de ces comités porte le nom de *Markets committee* et se compose d'un président (*chairman*), de onze *aldermen* et de vingt-huit conseillers municipaux. Le président du comité du conseil pour la location des immeubles de la Cité (*committee for letting the City's land*) en fait, en outre, partie de droit. Le comité des marchés se réunit le troisième vendredi de chaque mois.

Markets improvement committee.

Le comité d'amélioration des marchés (*Markets improvement committee*) est composé d'une manière analogue au précédent; il comprend un président, onze *aldermen,* vingt-huit conseillers municipaux, et le président du comité des marchés. Les réunions sont mensuelles et se tiennent le premier mercredi du mois.

Coal and corn and finance committee.

Enfin un troisième comité, désigné sous le nom de comité du charbon, des grains et des finances (*coal and corn and finance committee*), a plus spécialement dans ses attributions tout ce qui concerne les finances municipales et le recouvrement des droits perçus au profit de la Cité sur les grains, le charbon et quelques autres denrées. Ce comité est présidé par le lord maire; il comprend, en outre, dix *aldermen*, un *chairman*, vingt-huit conseillers municipaux. (Réunion le troisième vendredi de chaque mois.)

Fonctionnaires et agents.

Les fonctionnaires et agents chargés de l'administration ou de la police des marchés, et de la perception des divers droits municipaux, sont nommés, suivant leur importance, soit par le conseil municipal, soit par le lord maire, soit par les comités spéciaux, dont il vient d'être parlé.

Mais le plus élevé de ces fonctionnaires, le chambellan (*chamberlain*), est élu directement, comme le lord maire lui-même, par la *livery* de Londres [1]. Les fonctions du chambellan sont surtout financières : il encaisse les recettes et revenus de la corporation municipale de la Cité, au fur et à mesure de leur per-

[1] On désigne sous le nom de *livery* l'assemblée chargée de procéder à l'élection du lord maire : elle se compose du lord maire en exercice, des *aldermen* et des citoyens libres (*freemen*) de Londres, appartenant à l'une des compagnies de marchands légalement investies du droit de concourir à cette élection. Les bourgeois ou citoyens (*freemen*) reçoivent le nom de *liverymen* (hommes de *livrée*), parce qu'autrefois les maîtres ou patrons auxquels ces *liverymen* correspondent avaient le droit de porter les insignes de leur compagnie ou corporation, à l'exclusion des autres membres qui se composaient des ouvriers (*workmen*).

ception, acquitte toutes les dépenses de la corporation, sur des mandats (*orders* ou *warrants*) délivrés par les comités, les cours d'*aldermen* ou par le conseil communal. C'est en son nom que sont exercées les poursuites contre les débiteurs de la corporation. Il rend, chaque année, au conseil communal, un compte détaillé des recettes et des dépenses : son traitement annuel est de 2,500 livres sterling (62,500 francs).

Voici l'énumération des autres fonctionnaires municipaux, nommés par le *common council.*

Service général.

Le contrôleur de la chambre (caisse municipale) (*comptroller of the chamber*) exerce un contrôle général sur les perceptions faites au profit de la corporation et spécialement sur celles opérées sur les marchés, reçoit un rapport hebdomadaire de chaque inspecteur, qui lui rend compte de sa gestion. Traitement annuel : 1,500 livres sterling (37,500 francs).

Architecte surveillant (*architect surveyor*) chargé de la construction et de la surveillance des bâtiments. Traitement annuel : 2,500 livres sterling (62,500 francs).

Perception des droits de la Cité.

Préposé et receveur des droits sur le charbon (*clerk and collector of coal dues*). Traitement annuel : 600 livres sterling (15,000 francs).

Inspecteur du marché au charbon (*clerk and re-*

gistrar of the coal market). Traitement annuel : 539 livres sterling (13,500 francs).

Receveur des droits sur les vins (*collector of City's wine dues*). Traitement annuel : 400 livres sterling (10,000 francs).

Contrôleur des droits sur les vins (*comptroller of City's wine dues*). Traitement annuel : 100 livres sterling (2,500 francs).

Député jaugeur (*deputy gauger*). Remises sur les opérations qu'il fait : environ 260 livres sterling (6,500 francs).

Mesureurs des grains (*corn meter in trust*). Les mesureurs, au nombre de neuf, forment un comité spécial, ayant un président (*chairman*) et un secrétaire (*clerk*), qui se réunit le premier vendredi de chaque mois. Les mesureurs jurés sont chargés de diriger et de suivre le mesurage des grains, pommes de terre et autres denrées assujetties à cette formalité : ils perçoivent aussi les droits auxquels cette opération donne lieu au profit de la Cité. Ils ont sous leurs ordres un corps de députés mesureurs (*deputy meters*) au nombre de cent cinquante, nommés par le *corn coal and finance committee* et assermentés.

Déchargeur de grains en arrière du pont (*corn shifter below bridge*). Émoluments réglés à tant pour cent sur les droits perçus par les porteurs de grains (*corn porters*) ; reçoit environ 200 livres sterling (5,000 francs) par an.

Déchargeur de grains au quai de la Reine (*corn

shifter at Queen hithe), rétribué d'une manière analogue sur les perceptions des compagnons porteurs (*fellowship porters*); reçoit environ 60 livres sterling (1,500 francs) par an.

Déchargeurs de fruits (*fruit shifters*) et mesureurs de fruits, au nombre de quatre (*four fruits meters*). Traitement annuel : 250 livres sterling (6,250 francs) par an.

Les fonctions des *shifters* et des *meters* ne sont que des fonctions de surveillance et de contrôle; les opérations matérielles sont accomplies par des agents inférieurs.

Receveur de la rente des *brokers* (*collector of brokers' rent*). Les *brokers* sont des courtiers assermentés dont il est parlé plus loin; le receveur retient, sur les perceptions qu'il fait, des remises dont l'ensemble s'élève à environ 170 livres sterling (4,250 francs) par an.

Inspection et police des marchés.

Inspection et police des marchés de la corporation.

Les marchés appartenant à la corporation de Londres sont les suivants :

Metropolitan cattle market (bestiaux).

Newgate market (viande).

Leadenhall market (volaille, gibier et viande).

Billingsgate market (poisson).

Farringdon market (fruits et légumes).

Coal market (marché au charbon).

Smithfield market (marché aux fourrages).

A chacun de ces marchés est attaché un receveur spécial qui, non-seulement a le recouvrement des droits de place et autres, mais est aussi chargé de la surveillance et de la police générale du marché[1]. Ces receveurs, désignés sous le nom de *clerks* et de *collectors*, sont nommés par le *common council*, à l'exception de celui du *Farringdon market*, qui est nommé par le *market's committee*. Tous ces fonctionnaires sont tenus de donner caution.

Deux inspecteurs spéciaux, l'un pour le bétail, l'autre pour la viande abattue, sont nommés par le lord maire, et exercent leur surveillance sur la viande, la volaille et le gibier exposés en vente, non-seulement sur les marchés, mais encore dans toute l'étendue de la Cité de Londres; un inspecteur spécial des abattoirs (*slaughter houses*) est nommé par les commissaires de la voirie (*commissonners of sewers*). Il existe aussi des inspecteurs du commerce du charbon, nommés par le *corn and coal and finance committee.*

Sous les ordres des receveurs ou préposés des marchés, sont placés des agents inférieurs assermentés; ces agents, désignés sous le nom de *beadles*, sont chargés de maintenir le bon ordre dans le marché et dans les lieux y attenant, et d'empêcher l'encombrement produit par l'apport ou l'enlèvement des marchandises.

[1] Les fonctions et les traitements des receveurs sont indiqués plus loin avec détail, à propos de chaque marché.

Les *beadles* du *coal market* (marché au charbon) sont nommés par le *common council*, les autres sont choisis par le *markets committee*.

Il y a lieu de remarquer que c'est à titre de propriétaire, et non comme pouvoir municipal, que la corporation de la Cité de Londres intervient dans l'administration des marchés. Le personnel nommé par elle n'a aucune autorité sur les marchés qui ne lui appartiennent pas, et les propriétaires de ces marchés, non-seulement choisissent leurs agents, mais encore ont des droits exclusifs pour régler, dans les limites légales, tout ce qui concerne la gestion, la police et l'exploitation de ces réunions commerciales. Les inspecteurs chargés de veiller à la salubrité de la viande ou d'autres denrées sont les seuls qui exercent leurs fonctions en dehors des marchés de la corporation; leur contrôle, institué en vue de l'intérêt public, s'étend, non-seulement sur les marchés particuliers, mais même sur les magasins et boutiques, aussi bien que sur les abattoirs situés dans la circonscription de la Cité.

Location des places sur les marchés.

La distribution et la location des boutiques ou des places sur les marchés appartiennent aux propriétaires, qui choisissent, comme ils le veulent, les titulaires, en s'entourant des renseignements et des garanties propres à leur assurer le payement régulier des redevances : ils ont également le droit de renvoyer ces titulaires quand il leur plaît. Pour les marchés appartenant à la corporation de Londres, ce sont les comités spéciaux qui autorisent la location des places, sur la proposition et après les enquêtes faites par les receveurs ou inspecteurs.

La transmission des places à prix d'argent n'est d'ailleurs interdite par aucun règlement; elle s'opère même assez fréquemment : mais le consentement du propriétaire particulier ou des comités de la corporation est nécessaire pour valider les cessions ainsi faites par les titulaires à des tiers.

Sur les marchés où viennent s'installer des détaillants, après la cessation des ventes en gros, les places appartiennent assez souvent au premier occupant, moyennant le payement d'un droit très-minime; d'autres fois, les marchands sont autorisés à occuper ces places pendant un temps déterminé (huit ou quinze jours), à la condition de payer un prix réglé de gré à gré.

Répression des délits et infractions sur les marchés.

La loi anglaise accorde d'ailleurs une égale protection à tous les préposés et agents attachés aux marchés municipaux aussi bien qu'aux marchés particuliers. Les insultes adressées à ces fonctionnaires, la résistance à leurs injonctions, les obstacles apportés à l'exercice de leurs fonctions, le refus de payer les droits de place, sont réprimés par des pénalités édictées par le statut général de 1847, et confirmées spécialement par les actes d'institution afférents à chaque marché. Ces délits et les infractions aux règlements du marché sont poursuivis, à la requête des *clerks*, devant les juges de paix ou les juges des sessions trimestrielles (*justices at quarter sessions*). Si les droits de place ou d'abri ne sont pas régulièrement payés, les *clerks* ont le droit de faire saisir les marchandises apportées au marché par les débiteurs, sans préjudice des poursuites qu'ils peuvent exercer contre ceux-ci devant les cours compétentes (*courts having competent jurisdiction*) pour obtenir le remboursement des sommes dues.

Il résulte, du reste, des renseignements qui m'ont été fournis par les inspecteurs, que la perception des droits s'opère avec beaucoup de régularité et de facilité sur tous les marchés; sur ceux appartenant à la corporation de Londres, aussi bien que sur les marchés particuliers, les pertes résultant de non-payement sont rares et presque insignifiantes.

Recettes et dépenses des marchés de la corporation.

Les produits des marchés de la corporation se sont élevés en 1858 à la somme de 26,900 livres sterling (environ 674,000 francs), ainsi divisées :

	Liv.	Shill.	Den.	Fr.	C.
Leadenhall market	2,982	11	11	74,564	85
Newgate market	4,632	8	8	115,810	80
Farringdon market	1,143	19	4	28,598	15
Billingsgate market	6,842	18	9	171,073	40
Metropolitan cattle market	11,278	8	7	281,960	70
TOTAL	26,880	7	3	672,007	90

Les dépenses de personnel et d'entretien s'élèvent à peu près au quart de cette somme, soit environ 6,700 livres sterling (167,500 francs) par an, dont les frais de personnel représentent la majeure partie [1].

Vente de denrées insalubres.

En dehors des règlements spéciaux afférents aux marchés, il existe des dispositions générales applicables à la vente des denrées alimentaires avariées ou malsaines; la vente de ces marchandises est sévèrement défendue et punie d'amendes qui peuvent aller jusqu'à 10 livres sterling (250 francs) pour chaque délit; les marchandises saisies sont en outre détruites. La surveillance des denrées alimentaires, en dehors de la circonscription de la Cité, est confiée à des inspecteurs désignés sous le nom de *inspectors of nuisances*, nommés par les autorités locales, paroisses ou districts (acte du Parlement, 18 et 19 Victoria, c. 122, 14 août 1855).

Pesage et mesurage

Un autre ordre de dispositions s'applique au pesage et au mesurage des denrées; des inspecteurs, nommés par la corporatoin municipale de la cité, sont chargés de contrôler, à des époques périodiques qu'ils déterminent eux-mêmes, les instruments de pesage

[1] Voir à chaque marché le détail des dépenses du personnel. Les produits du *coal market* (charbon) se composant d'éléments complexes qui ne rentrent pas dans le cadre des autres marchés, j'ai laissé en dehors les recettes et les frais de cet établissement.

et de mesurage employés par tous les marchands. Ceux de ces instruments qui sont reconnus faux ou défectueux sont saisis et détruits, et les détenteurs condamnés à une amende de 5 livres sterling (125 francs) par délit.

Les propriétaires ou concessionnaires des marchés publics sont tenus de garnir ces établissements d'instruments de pesage et de mesurage, qui sont remis à la garde du préposé et laissés à la disposition du public à toutes réquisitions. Ces instruments doivent être vérifiés au moins deux fois l'an par les inspecteurs des poids et mesures. Les *clerks* des marchés ont le droit de peser ou de mesurer les denrées exposées en vente, et s'ils trouvent un déficit comparativement aux quantités annoncées, ils peuvent traduire les délinquants devant les juges de police ou le shérif du comté, qui prononcent une amende. En fait, ces poursuites sont assez rares, et les instruments de pesage et de mesurage déposés sur les marchés ne sont guère employés qu'en cas de contestations entre les vendeurs et les acheteurs, et à la requête d'une des parties. Les rétributions à percevoir pour les pesages officiels effectués par les préposés des marchés sont réglés par des tarifs établis par les propriétaires mêmes des marchés, et approuvés par les juges dans les sessions générales ou trimestrielles (*justices at general or quarter sessions*) (acte du Parlement, 22 et 23 Victoria, c. 56, 13 août 1859).

Les diverses contraventions ou infractions aux règlements, commises sur les marchés publics, sont constatées et poursuivies par les *clerks* et *collectors*. La dénonciation est non-seulement admise, mais encore encouragée par des primes destinées à faciliter la découverte de ces contraventions. Ainsi j'ai trouvé affiché, au *Farringdon market* (marché aux légumes, appartenant à la cité), un avis ainsi conçu :

Contraventions et infractions aux règlements sur les marchés.

« Avis. — Des plaintes ayant été faites que des « personnes sont dans l'habitude, sur le *Farringdon* « *market*, de jeter des fruits, légumes ou autres « objets aux passants ou à d'autres personnes, dans « des intentions injurieuses ou malfaisantes, avis « est donné par les présentes qu'une récompense « de 10 shillings (12 fr. 50 cent.) sera payée à toute « personne qui pourra donner des renseignements « tendant à faire découvrir les délinquants ou à « mettre sur leurs traces.

« Signé Jolley, *collector*. »

Un avis analogue était affiché au *Billingsgate market* (marché au poisson), qui promettait 10 livres sterling (250 francs) de récompense à ceux qui dénonceraient les auteurs de certaines fraudes ou déprédations commises dans la vente du poisson.

Intermédiaires, commission-naires, agents, etc.

Après avoir présenté dans son ensemble l'organisation générale des marchés de Londres, il reste à indiquer comment sont opérées le plus ordinairement les ventes en gros des denrées de consommation faites soit sur les marchés, soit au dehors.

Ainsi que je l'ai indiqué déjà, le commerce a, à Londres, des habitudes très-variées et très-complexes qui ne permettent pas de donner des indications d'une exactitude absolue sur cette matière.

Cependant, on peut dire d'une manière générale que le commerce en gros, au moins pour les denrées de consommation, les seules dont j'aie eu à m'occuper, s'exerce par des intermédiaires qui se chargent, moyennant un droit de commission, de vendre les marchandises qu'ils reçoivent du dehors en consignation. Non-seulement les expéditeurs étrangers, mais encore la plupart des producteurs ou propriétaires qui envoient des bestiaux ou des denrées sur les marchés de Londres, ont recours à ces intermédiaires, que l'on désigne sous le nom générique de *salesmen*. Au lieu de venir eux-mêmes à Londres, ces producteurs préfèrent s'affranchir des embarras, des frais et des pertes de temps que ces déplacements entraîneraient pour eux et confier la vente de leurs marchandises à des hommes spéciaux qui, par suite de leur expérience et de leurs connaissances commerciales, peuvent opérer la vente dans les meilleures conditions possibles, et qui offrent, d'ailleurs, une grande sécurité en raison de leur consistance personnelle.

Les seuls producteurs ou marchands qui viennent vendre directement à Londres les denrées leur appartenant sont les maraîchers des environs, qui apportent leurs produits sur les marchés aux fruits et légumes, et quelques commerçants étrangers qui accompagnent les expéditions qu'ils font à Londres et en opèrent la vente en gros : c'est ainsi que quelques marchands français des côtes de la Manche ou de la Bretagne viennent vendre eux-mêmes des œufs (près du *Borough market*), des pommes ou quelques autres objets; mais c'est exceptionnel.

Les agents commerciaux opérant des ventes de marchandises pour le compte de tiers se divisent en plusieurs catégories principales, savoir :

1° Les *salesmen* proprement dits [(1)], intermédiaires libres, qui ne sont assujettis à aucune formalité ni obligation spéciale, et agissent comme des mandataires ordinaires chargés de vendre d'après les instructions qui leur sont données par leurs commettants (*principal*). Diverses lois ont édicté *Salesmen.*

(1) Ces *salesmen* portent aussi le nom de *factors* ou *agents*; mais j'évite d'employer le terme de *factor* qui, exprimant l'idée d'un commissionnaire libre, ne saurait être traduit par le mot *facteur*, qui s'applique ordinairement, chez nous, à des intermédiaires privilégiés, commissionnés par l'autorité.

des pénalités contre les mandataires et commissionnaires infidèles. Ils peuvent être condamnés pour forfaiture (*guilty of misdemeanor*) à la transportation pour sept ou quatorze ans (art. 6, George IV, c. 91, 5 juillet 1825; 5 et 6 Victoria, c. 39, 30 juin 1842). Les mêmes lois contiennent encore des dispositions tendant à sauvegarder les intérêts des tiers qui contractent de bonne foi avec les commissionnaires.

Les *salesmen* sont à peu près les seuls intermédiaires qui exercent sur les marchés d'approvisionnement de Londres : les *brokers* et *auctionners*, dont il est parlé ci-après, ne s'occupent guère que des grains et des denrées coloniales dont la vente a lieu en dehors des marchés proprement dits; mais les combinaisons applicables aux opérations des *salesmen* sont multiples : tantôt, et c'est le cas le plus fréquent, ils reçoivent en consignation la marchandise; d'autres fois, ils n'opèrent les ventes que sur échantillons et pour des marchandises déposées dans les docks ou magasins. L'étendue de leur responsabilité est déterminée d'ailleurs par les conventions passées avec leurs commettants; mais, en général, ils ne sont *ducroire* ou garants, vis-à-vis des expéditeurs du prix de vente, qu'en vertu de stipulations expresses, et ils prennent habituellement, dans ces cas, un droit spécial de *ducroire*, en outre de leur commission ordinaire. Ils n'ont, d'ailleurs, de compte à rendre qu'à leurs expéditeurs, et leurs opérations ne sont soumises à aucun contrôle administratif. Il n'y a pas non plus de tarif pour limiter leurs droits de commission; tous ces points sont fixés par des conventions libres.

Pour régler leurs comptes avec leurs commettants, les *salesmen* ne font pas des envois d'espèces. Ils délivrent des bons à vue (*checks*) sur des banquiers de Londres, et ceux-ci transmettent aux expéditeurs d'autres mandats semblables, payables à vue dans les maisons de banque de leurs localités respectives. Ce mode de procéder est très-rapide et offre une grande sécurité. Aussitôt la vente terminée, les *salesmen* arrêtent chaque jour leurs comptes et délivrent ces *checks* au profit de chacun de leurs commettants, et ceux-ci dès le lendemain reçoivent la valeur de leurs marchandises [1]. Les *salesmen* vendent le plus ordinairement au comptant et font peu de crédit; lorsqu'ils en accordent, c'est à leurs risques et périls.

Les *salesmen* ne font généralement d'opérations que comme commissionnaires, et se livrent rarement au commerce pour leur propre compte, quoiqu'ils ne soient assujettis sous ce rapport à au-

[1] On sait que l'usage des *checks* est très-répandu en Angleterre; non-seulement les commerçants emploient ces mandats, au lieu d'espèces dans toutes leurs transactions, mais les particuliers mêmes recourent très-fréquemment à ces *checks* pour payer leurs fournisseurs. Ces billets sont le plus souvent au porteur et se transmettent comme des billets de banque. Mais, lorsqu'on veut se garantir contre des vols ou des abus de confiance, il suffit d'apposer sur le *check* une barre transversale ou croix (*cross*); dans ce cas, le *check* ne doit être remboursé qu'à une personne connue du payeur.

cune restriction; mais, outre que les affaires qu'ils font comme commissionnaires sont ordinairement très-étendues et leur assurent des bénéfices importants, leur abstention de tout commerce personnel est une garantie de leur bonne gestion comme intermédiaires, et contribue à leur attirer la confiance de leurs commettants.

Pour donner une idée de l'énorme importance des opérations des commissionnaires, il suffit de dire que, dans toutes les branches du commerce où ils exercent, on en trouve un certain nombre dont la fortune, acquise dans les affaires, dépasse plusieurs millions. J'ai rencontré plusieurs de ces négociants considérables aux marchés de Billingsgate, de Newgate et de Leadenhall. Malgré la situation qu'ils s'étaient créée, ces *salesmen* étaient tous les matins, dès quatre ou cinq heures, à leur poste, et continuaient les affaires avec une incroyable activité. Bien loin de songer au repos, ils n'étaient occupés qu'à accroître l'importance de leur maison. J'ajouterai que l'esprit de tradition, très-développé en Angleterre, maintient ordinairement dans les familles ces établissements de commerce, de même que ceux d'un ordre plus modeste.

Cette transmission des établissements ne saurait être considérée comme une restriction de fait à la liberté commerciale. Les *salesmen* sont en réalité, comme en droit, absolument libres, et l'on voit tous les jours prospérer des hommes qui sont les fils de leurs œuvres. Je pourrais citer plusieurs des importants *salesmen* de Billingsgate qui se sont élevés, par leur travail, au rang qu'ils occupent, après avoir commencé par être de simples porteurs sur le même marché.

Le nombre des *salesmen* n'est pas même rigoureusement limité par l'emplacement que leur offrent les marchés; car, lorsque le marché est insuffisant, on en voit un certain nombre s'établir dans les environs et exercer les mêmes opérations.

Le nombre total des *salesmen* qui opèrent à Londres sur les denrées alimentaires est d'environ 1,200. Ces intermédiaires se spécialisent, d'ailleurs, par nature de marchandises. Les catégories les plus nombreuses sont: les *salesmen* aux bestiaux, au nombre de 300; ceux aux pommes de terre, 250; à la viande, 170; aux fruits, 120, etc.

Brokers (courtiers

2° *Brokers* ou *courtiers*. La différence qui existe, quant aux fonctions, entre les *brokers* et les *salesmen* ordinaires, est assez difficile à définir, au moins en fait, car il arrive souvent que de simples *salesmen* fassent les mêmes opérations que les *brokers*. Cependant, en général, les *brokers* sont des intermédiaires qui vendent les marchandises dont ils ne sont pas détenteurs, tandis que les *salesmen* ont le plus ordinairement en leur possession les articles qu'ils vendent pour le compte des tiers.

Il y a une certaine analogie entre les *brokers* et

nos courtiers de commerce; ils agissent, comme eux, à titre de simples intermédiaires pour mettre les vendeurs en rapport avec les acheteurs, et, dans la pratique, leurs opérations s'exercent sur les mêmes objets que celles des courtiers : il y a des *brokers* pour les huiles, les denrées coloniales, les sucres, les cuirs, etc.; mais les *brokers* n'interviennent guère sur les marchés proprement dits; ils font seulement des opérations importantes à la Bourse aux grains et farines, et l'on sait que les courtiers de Paris s'immiscent également dans ce genre de commerce.

Les *brokers* qui exercent dans la Cité de Londres doivent avoir une commission (*license*), délivrée par l'autorité municipale, et prêter serment devant le lord maire. La somme à payer pour obtenir une *license* est de 15 à 20 livres sterling (375 à 500 francs). Les *brokers* doivent, en outre, présenter deux cautions.

Les *brokers* ne sont pas, en fait, limités de nombre : leur admission est seulement subordonnée, en vertu d'un règlement du conseil communal du 25 septembre 1818, à l'accomplissement de certaines conditions de pure forme, consistant principalement dans un certificat de moralité et de capacité. En 1859, le nombre total des courtiers commissionnés dépassait, à Londres, le chiffre de 860 [1]. Une fois nommés, d'ailleurs, leurs opérations ne sont soumises à aucun contrôle administratif, et ils

[1] *London directory* ou Almanach du commerce de Londres pour 1859.

sont tenus seulement d'avoir un registre (*brokers' book*) sur lequel ils inscrivent toutes les transactions accomplies par leur ministère. Cette obligation, qui incombe à tous les commerçants en France, n'implique pas l'intervention de la corporation de Londres dans leur gestion : l'institution municipale qui leur est conférée en vertu d'anciens priviléges paraît avoir principalement un but fiscal, puisqu'elle est une source de revenus pour la Cité; et c'est surtout l'intérêt des finances municipales qui semble avoir fait adopter la disposition législative stipulant que quiconque prend indûment la qualification de *sworn broker* (courtier juré) ou contrevient aux règlements est passible d'une amende de 150 livres sterling (3,750 francs) pour chaque infraction. Du reste, ces prescriptions n'empêchent pas qu'en fait les commissionnaires se livrent fréquemment aux mêmes opérations qu'eux.

Le receveur des droits des *brokers* (*collector of brokers' rent*) est chargé du recouvrement des amendes auxquelles les infractions aux lois sur les *brokers* peuvent donner lieu [1].

Auctionners.

3° *Auctionners.* Les *auctionners* sont des intermédiaires qui font les ventes aux enchères publiques. Leurs fonctions, qui s'exercent également sur les meubles et sur les immeubles, participent,

[1] Les principales de ces lois sont les actes 6 Ann. c. 16; 8 George II, c. 31; 57 George III, c. 60.

jusqu'à un certain point, de celles des courtiers, des commissaires-priseurs, et même des notaires, en France. Leurs droits et obligations ont été déterminés par un acte du Parlement du 8 mai 1845 (acte 8, Victoria, c. 15). Ils sont tenus, comme les *brokers*, de prendre une *license*; mais cette commission leur est délivrée par le gouvernement; elle doit être renouvelée tous les ans et donne lieu chaque fois à la perception, au profit du Trésor public, d'une somme de 10 livres sterling (250 fr.), dont le recouvrement est fait par les commissaires de l'*excise*. Les produits que cette redevance annuelle procure à l'État paraissent être l'une des principales causes du maintien de l'institution officielle des *auctionners*. Le nombre de ces intermédiaires n'est pas limité: à Londres seulement, on en compte environ 350.

Les *auctionners* ne paraissent pas, du reste, s'immiscer ordinairement dans le commerce des denrées alimentaires. Cependant, parmi ces marchandises, il en est quelques-unes, les denrées coloniales notamment, telles que les sucres, les cafés, le thé, etc. qui se vendent habituellement aux enchères publiques. Il en est de même du riz, des grains inférieurs, tels que l'avoine, le seigle, etc. Mais, une partie de ces ventes, qui se concentrent dans de vastes salles situées dans les rues de la Cité, appelées *Mark lane* et *Mincing lane*, sont faites également par les *brokers* assermentés et institués par le lord maire;

toutefois, un certain nombre de ces *brokers* sont pourvus, en même temps, d'une commission d'*auctionner*. On m'a affirmé qu'il arrivait quelquefois que les ventes aux enchères publiques de *Mincing lane* avaient lieu par l'entremise de *salesmen* ordinaires entièrement libres et dépourvus de tout caractère officiel; d'où il suivrait que le ministère des *brokers* et des *auctionners* ne serait pas absolument obligatoire, même pour les ventes de cette nature.

Ces ventes sont, toutefois, soumises à certaines formalités spéciales; elles doivent être annoncées trois jours au moins à l'avance par un avis imprimé qui indique la nature et la quantité des objets à vendre, ainsi que les conditions de la vente. Il est généralement stipulé que l'enlèvement et le payement des denrées auront lieu dans la quinzaine de la vente et qu'un escompte de 2 1/2 p. 0/0 sera attribué à l'acheteur. Pour tous les articles vendus au *Mincing lane*, on ne présente que des échantillons, et les marchandises mêmes restent déposées dans les magasins (*warves*) ou les docks. La commission prélevée par les *brokers* est généralement de 3 à 3,5 p. 0/0.

Sur certains marchés, au *Billingsgate market* notamment, les ventes en gros de poisson sont faites le plus souvent aux enchères par les *salesmen* et non par des *brokers* spéciaux, et ne sont l'objet d'aucune des formalités qui viennent d'être indiquées[1].

[1] Voir plus loin, p. 178 et suiv.

En résumé, les seuls intermédiaires qui exercent habituellement sur les marchés de Londres sont les *salesmen*, commissionnaires libres, ne relevant que de leurs commettants, sans aucune institution officielle, exerçant en dehors de tout contrôle administratif. Mais ces intermédiaires, de même que la plupart des commerçants et industriels appartenant aux diverses industries établies à Londres, forment entre eux des associations, qui présentent une assez grande importance.

Association des *salesmen*.

Ces associations, qui ne sont soumises à aucune sanction ni autorisation administrative, et sont le résultat de la réunion spontanée de personnes s'occupant d'affaires de la même nature, ont, à la fois, un but commercial et philanthropique; elles distribuent des secours pécuniaires et possèdent des maisons de refuge (*alms houses*); d'un autre côté, les membres de ces associations se concertent entre eux, pour régler les divers intérêts relatifs à leur commerce et pour se protéger respectivement contre les fraudes dont ils pourraient devenir victimes. C'est ainsi que j'ai vu affichée sur le *Covent-Garden market* une délibération prise par les commissionnaires aux pommes de terre, et par laquelle ceux-ci s'engagent à ne jamais se servir de sacs appartenant à leurs confrères et portant leur marque, et à se prévenir toutes les fois qu'ils trouveront des sacs abusivement enlevés à leurs propriétaires.

Ces associations, qui permettent aux membres qui en font partie d'exercer une sorte de contrôle les uns à l'égard des autres, contribuent à maintenir l'intégrité et l'honorabilité de l'institution; en même temps que la concurrence résultant du nombre généralement assez étendu des sociétaires rend très-difficilement praticables des coalitions ou des manœuvres contraires aux intérêts des expéditeurs ou des consommateurs. Il arrive souvent, d'ailleurs, que les associations ne comprennent qu'une partie des personnes qui exercent le même genre de commerce; il est vrai que les commerçants isolés, bien qu'ayant, au point de vue légal, les mêmes droits, et pouvant faire leurs affaires aussi librement que les autres, ont, en fait, une grande infériorité sur ceux-ci, puisqu'ils ne participent à aucun des avantages que l'association confère à ses membres.

Ces associations, bien que n'ayant aucun caractère légal, se font souvent les interprètes du commerce auprès de l'administration, pour réclamer l'adoption ou la réformation d'actes ou de mesures jugés utiles ou contraires aux intérêts du commerce, et l'autorité locale ou centrale tient souvent grand compte des vœux ou des plaintes qui lui sont ainsi exprimés.

Tous les commerces en gros ne comportent pas ce genre d'association. Ainsi, il paraît qu'il n'en existe pas pour le commerce des fruits, des légumes, des œufs et quelques autres.

Docks de Londres.

Il a été dit déjà plus haut que la plupart des marchandises arrivant à Londres, qui ne se rendent pas directement sur les marchés publics, restent déposées dans les entrepôts (*wharves*), les docks ou les magasins des chemins de fer. Les grains et farines, les pommes de terre, les denrées coloniales, etc. sont plus particulièrement dans ce cas.

A raison de l'importance que présentent les docks, je crois devoir indiquer brièvement leur organisation et le mécanisme de leurs opérations.

Les docks ont été construits et sont exploités par des compagnies (*joint stock companies*), qui en ont reçu la concession en vertu d'actes du Parlement : les mêmes actes ont réglé l'organisation de ces entrepôts.

C'est vers la fin du dernier siècle que les docks ont été institués : les premiers construits furent le *London dock* et le *West India dock*, dont la création remonte à 1796 : puis on vit s'établir successivement les docks des Indes orientales (*East India*) en 1806, le dock Commercial (*Commercial dock*) en 1807, le dock Sainte-Catherine en 1828, et enfin le dock Victoria en 1855. Ce dernier, qui est le plus grand de tous, couvre une superficie de plus de 100 hectares; il est plus spécialement affecté au dépôt des charbons.

Les relevés ci-après du mouvement de la navigation dans les principaux docks, en 1858, donneront d'ailleurs une idée de l'importance de ces établissements :

	Bâtiments.	Tonnage.
Docks des Indes orientales......	3,821	817,320 tonnes.
Docks de Londres.............	912	372,702
Docks de Sainte-Catherine.......	904	202,740
Docks Victoria................	2,420	849,360

Chaque dock est placé sous la direction d'un *maître* (*dock master*), dont l'autorité s'étend, non-seulement sur le dock même, mais encore dans un rayon déterminé, en dehors; c'est lui qui règle l'entrée et la sortie des bâtiments, en dirige et en surveille les mouvements. Il a la police générale du dock et détermine les heures d'ouverture et de fermeture.

Dès qu'un bâtiment, après avoir accompli, s'il y a lieu, les formalités prescrites par la douane, est entré dans le dock, il est déchargé par des agents spéciaux de l'établissement, appelés *landing waiters*, qui sont responsables des marchandises jusqu'à ce qu'il en ait été fait remise aux gardes-magasins (*warehouse keeper* et *locker*). Avant d'être placés dans les magasins, les articles sont pesés ou mesurés.

Si les marchandises doivent être enlevées immédiatement, un ordre d'enlèvement (*delivery order*) est adressé de suite au préposé spécial du dock, qui donne son approbation (*complies*), après s'être assuré près des agents de la douane (*custom house officers*) que les droits ont été acquittés.

Si, au contraire, ce qui est le cas le plus fréquent, les marchandises restent entreposées, il est remis au propriétaire un *dock cheque* ou *dock warrant*, pour constater son droit sur les marchandises. Ces warrants, transmissibles par endossement, se négocient comme des billets au porteur, et sont reçus par les banquiers à titre de gages pour les prêts dont le commerce a besoin.

Il suffit, pour obtenir l'enlèvement des marchandises, lorsqu'on est porteur du *warrant*, d'adresser un ordre d'enlèvement aux officiers du dock et de représenter les certificats constatant l'acquittement des droits de douane.

Les compagnies de docks sont autorisées, par les actes d'institution, à percevoir des droits pour l'entrée et à la sortie des bâtiments, et pour le magasinage des marchandises entreposées. Ces tarifs, généralement assez modérés, varient suivant la nature des articles ; ils sont aussi plus élevés pour les navires à vapeur que pour ceux à voiles.

GRAINS ET FARINES.

Je dois une partie des renseignements relatifs à la meunerie et à la boulangerie de Londres à la bienveillance de M. le conseiller d'État Le Play. L'éminent rapporteur, à la disposition duquel j'avais été mis par Votre Excellence, pendant son voyage à Londres, a bien voulu me communiquer un grand nombre des documents qu'il a recueillis dans cette ville, pour servir à la préparation du remarquable travail qu'il a présenté au conseil d'État sur les commerces du blé, de la farine et du pain.

Consommation de Londres en farines.

D'après les évaluations fournies par un courtier qui m'a été signalé comme l'un des plus compétents et des plus éclairés de Londres (M. Osborne), la quantité de farines nécessaires pour la consommation de la ville de Londres s'élèverait en moyenne à 70,000 sacs de 280 livres anglaises (127 kilogrammes), par semaine; soit à 10,000 sacs (1,270,000 kilogrammes) par jour. Cette quantité de farines se diviserait ainsi, quant au mode d'emploi :

Emploi des farines.

Farines servant à la fabrication du pain	50,000 sacs.
Farines servant aux usages domestiques	15,000
Farines servant à la fabrication du biscuit et de la pâtisserie	5,000
TOTAL ÉGAL	70,000 sacs.

Rapportés à l'année entière, ces nombres donnent les résultats suivants :

	Sacs anglais.	Quintaux français.
Farines pour la fabrication du pain	2,600,000	3,302,000
Farines pour les usages domestiques	780,000	990,600
Farines pour la fabrication du biscuit et de la pâtisserie	260,000	330,200
TOTAL	3,640,000	4,622,800

Évaluation du froment consommé à Londres.

En admettant pour le rendement du blé en farines une moyenne de 80 p. o/o, chiffre qui, d'après les renseignements recueillis à Londres et développés plus loin, paraît se rapprocher beaucoup des produits réellement obtenus par la meunerie anglaise, on trouve que cette consommation correspond à une quantité totale de froment d'environ 2,700,000 quarters par an, soit 7,857,000 hectolitres. En l'année 1850, M. Mac Culloc évaluait à 1,600,000 quarters (4,656,000 hectolitres) seulement la quantité de froment consommée dans la métropole. Mais, outre que, depuis cette époque, la population de Londres s'est considérablement accrue, on s'accorde à reconnaître que la consommation du pain et de la farine, dans cette ville, a très-notablement augmenté depuis dix ans, à mesure que l'influence des réformes apporées au régime douanier des céréales s'est fait sentir davantage.

Provenances des blés et farines.

L'immense quantité de blés et de farines qui alimentent la métropole provient, soit des pays étrangers, soit des comtés anglais, de l'Irlande et de l'Écosse, et arrive partie par la Tamise, partie par les chemins de fer et les canaux.

Froment importé à Londres.

D'après une circulaire commerciale émanée d'une des maisons de courtiers les plus importantes de Londres (Horne et Watney), les quantités de froment entrées à Londres pour la consommation de la ville se sont élevées aux chiffres suivants pendant les dernières années :

ANNÉES.	QUANTITÉS totales.	ANGLETERRE.	ÉCOSSE.	IRLANDE.	ÉTRANGER.	TOTAL.
	Quarters.	Chiffres proportionnels.				
1855..	952,686	40,59	0,39	"	59,02	100
1856..	1,281,357	30,15	0,03	0,05	69,77	100
1857..	955,086	31,44	2,62	"	65,94	100
1858..	937,596	29,46	0,39	"	70,15	100
1859..	1,030,715	33,04	0,14	"	66,82	100

Quant aux farines, les quantités ne sont pas données d'une manière assez complète dans ces documents, pour pouvoir être reproduites ici. Mais on voit, par le tableau qui précède, que le blé arrivant en grains à Londres équivaut aux deux cinquièmes environ de la consommation totale; ce blé est moulu dans la ville ou les environs. Londres est alimenté, d'ailleurs, d'une quantité considérable de farines amenées directement de l'extérieur.

Arrivages dans le port de Londres.

Je reproduis ici, d'après le journal le *Mark lane Express* (numéro du 3 janvier 1859), le relevé des quantités de blés et de farines entrées dans le port de Londres en 1858 :

	Froment.	Farines.
Angleterre....	145,797 quarters.	107,346 sacs de 280 livres.
Écosse.......	3,632	182
Irlande......	30	61
Pays étrangers.	664,237	158,744
Total.....	813,696 quarters.	266,333 sacs de 280 livres.
	2,367,855 hectolit.	338,243 quint. métriques.

D'après ce relevé, Londres recevrait, par la voie de mer seulement, en grains et farines, l'équivalent de plus d'un million de quarters de blé. Mais il y a lieu de remarquer que Londres est un vaste entrepôt d'où les contrées de l'intérieur et les pays étrangers mêmes tirent une portion des grains et farines qui leur sont nécessaires; aussi, la totalité des denrées qui entre dans le port de la métropole n'est-elle pas destinée exclusivement à la consommation locale; une partie de ces marchandises, notamment de celles qui proviennent de l'étranger, sont réexpédiées au dehors.

D'un autre côté, une partie considérable des grains et farines servant à l'alimentation de Londres y est apportée par les canaux, les routes de terre, et principalement par les chemins de fer.

Parmi les grains inférieurs, l'orge et l'avoine sont ceux dont la consommation offre le plus d'importance.

On emploie surtout l'orge pour la fabrication de la bière, et l'avoine pour la nourriture des chevaux. Voici, d'après la circulaire commerciale de MM. Horne et Watney, les quantités de ces deux espèces de grains entrées à Londres pendant les dernières années :

Orge et avoine — Quantités consommées.

Années.	Orge.	Avoine.
1855.	374,079 quarters[1].	1,449,690 quarters.
1856.	414,420	1,409,785
1857.	702,644	1,690,081
1858.	713,263	2,027,601
1859.	677,804	1,777,937

Ces quantités se divisaient ainsi proportionnellement, d'après la provenance :

PROVENANCES.	ORGE.					AVOINE.				
	1855.	1856.	1857.	1858.	1859.	1855.	1856.	1857.	1858.	1859.
Angleterre. . .	65,67	45,61	14,86	12,83	15,28	8,74	6,84	2,62	2,01	3,21
Écosse.	1,88	1,81	1,64	2,22	8,46	2,86	1,54	1,72	3,68	4,85
Irlande.	0,15	1,22	0,06	0,43	0,20	22,86	20,93	9,16	6,09	7,00
Pays étrangers	32,30	51,36	83,44	84,52	76,06	65,54	70,69	86,50	88,22	84,94
TOTAL. . . .	100,00	100,00	100,00	10,000	100,00	100,00	100,00	100,00	100,00	100,00

Parmi les pays étrangers qui ont envoyé leurs céréales à Londres en 1858, les principaux sont :

[1] Le quarter anglais, 2 hectolitres 91 litres.

Pour les blés en grains, la France, les villes anséatiques, la Russie et la Prusse;

Pour les farines, les États-Unis d'Amérique, la France et les possessions anglaises d'Amérique;

Pour l'orge, la Russie, le Danemark, la Turquie, la France et la Suède;

Pour l'avoine, la Russie, la Suède, le Hanovre, les Pays-Bas et les villes anséatiques.

Droits municipaux sur les grains importés par la Tamise.

Les grains de toute nature qui abordent au port de Londres sont assujettis à des taxes et à des formalités de diverses natures.

Dès qu'un navire chargé de grains arrive, avis en est donné aux mesureurs de grains. Les fonctions de ces mesureurs-jurés consistent à mesurer tous les grains, légumes secs et graines qui entrent dans le port de Londres, à en dresser des relevés exacts et à délivrer des certificats de mesurage, après l'opération.

C'est d'après le certificat des mesureurs-jurés que sont réglés les droits de douane perçus au profit du gouvernement, ainsi que le fret, les droits municipaux désignés sous les noms de *metage, tillage* et *lastage* et indiqués ci-après.

Les mesureurs reçoivent, à titre de remise, 1° un droit de *tillage* de 8 deniers 1/2 par last[1] (2 cent. 8 par hectolitre) de grains lourds (*heavy*), et 10 de-

[1] Un last, 30 hectolitres.

niers 1/2 par last (3 cent. 1/2 par hectolitre) de menus grains (*light*); 2° un droit supplémentaire appelé *lastage*, et qui est de 1 denier par last (0,0033 cent. par hectolitre) de tous grains entrant dans le port de Londres, à l'exception de ceux des comtés d'Essex et Kent, les provenances de ces deux comtés jouissant de l'exemption du droit, en vertu d'anciens priviléges.

Le droit de mesurage (*metage*) appartient à la corporation de Londres : il est d'un demi-denier par quarter (1 cent. 7 environ par hectolitre) pour les grains, légumes secs et graines de provenance anglaise arrivant dans le port de Londres, et de trois quarts de denier par quarter (2 cent. 60 environ par hectolitre) pour les denrées similaires de provenance étrangère.

Le mesurage est obligatoire et s'applique à tous les grains amenés dans le port de Londres. Lorsqu'une personne veut en outre faire peser le grain, elle paye un droit supplémentaire de 1 denier par quarter (3 cent. 4 par hectolitre); mais cette opération est facultative.

Déchargement.

Le déchargement des grains est aussi opéré, moyennant un droit déterminé, par des agents commissionnés par la ville de Londres et désignés sous le nom de *fellowship porters*. L'emploi de ces porteurs est obligatoire. Ils sont placés sous les ordres des *corn shifters*.

Droits divers.

Indépendamment des droits de mesurage (*metage*) appartenant à la Cité, les grains acquittent encore, au profit de la corporation municipale, diverses taxes désignées sous le nom de droit de bailliage d'eau (*water bailliage*), d'abordage (*groundage*), les droits du lord maire (*lord mayor's dues*) et d'entrepôt (*cocket dues*).

Tous ces derniers droits, qui ont une origine fort ancienne, sont, paraît-il, assez minimes quant à leurs taux [1], mais ils excitent depuis longtemps des réclamations en raison de la gêne qu'ils apportent aux opérations du commerce. Ils ne s'appliquent du reste qu'aux arrivages par la Tamise, et ne s'étendent pas aux apports effectués par les chemins de fer, les canaux et les routes de terre.

Ces différentes taxes sont habituellement acquittées par moitié par l'acheteur et le vendeur. Mais, en vertu de priviléges qui remontent à une époque fort reculée, certaines catégories d'acheteurs ou de vendeurs sont affranchies du payement de tout ou partie des droits de ville.

Magasins de grains et farines.

Une fois rendus à Londres, les grains et farines sont généralement déposés dans des magasins particuliers (*warves*), situés sur les deux rives de la Tamise dans toute l'étendue de Londres, de Greenwich à Vauxhall. Le plus grand nombre de ces magasins se trouve réuni à Bermundsea et à Shad

[1] Les tarifs ne m'ont pas été communiqués.

Thames. Quelques-uns existent aussi dans l'intérieur de la ville, principalement près des gares de chemins de fer. Ces magasins sont extrêmement vastes; ils comptent quelquefois cinq et six étages et peuvent contenir jusqu'à 20,000 quarters de blé (60,000 hectolitres), ou l'équivalent en farines. Les droits de magasinage sont ordinairement fixés à environ 1 denier par sac de farine (7 cent. 7 par quintal métrique) et par semaine, en y comprenant l'assurance et les soins nécessaires à la conservation de la denrée; pour le blé, ces droits sont de 5 shillings par 100 quarters (2 centimes par hecto tre) et par semaine. Ce prix se partage ainsi :

Garde du blé et assurance.........	4 shillings.
Pelletage......................	1
TOTAL............	5 shillings.

Une partie des grains et farines qui arrivent à Londres est aussi débarquée directement dans les établissements de meunerie situés, soit sur les bords de la Tamise, soit dans l'intérieur de la ville.

Les ventes en gros des blés et farines se concentrent à Londres dans deux halles ou bourses situées au milieu de la Cité, dans le *Mark lane*, et qui forment ce que l'on appelle le *corn exchange*.

L'organisation du *corn exchange* présente des *Corn exchange.*

particularités assez curieuses. Il se compose de deux bâtiments contigus appartenant à des compagnies distinctes. L'origine de la première de ces compagnies remonte au XVIIIe siècle; elle fut constituée en 1749, et construisit à cette époque la partie ancienne du *corn exchange*. La partie neuve fut édifiée en 1828 par une nouvelle société autorisée par acte du Parlement du 5 mai 1826 (7, George IV, c. 45). Chaque compagnie a une existence tout à fait indépendante, des agents séparés, exerce un droit de police et de réglementation dans les locaux qui sont sa propriété, et y perçoit les droits et taxes déterminés par les tarifs régulièrement approuvés.

La bourse aux grains se tient dans ces deux locaux trois fois par semaine, les lundi, mercredi et vendredi. L'ouverture des deux bourses se fait à dix heures du matin.

Dans les bâtiments de la nouvelle compagnie, la clôture n'a lieu qu'à trois heures, tandis que, dans l'autre local, les portes ferment à deux heures et demie. Pendant la durée des affaires, la circulation reste libre entre les deux salles.

Redevance payée par les vendeurs. — Droits de location.

Toutes personnes peuvent entrer librement pour acheter des grains, farines ou tous autres produits vendus à la bourse; pour avoir le droit d'y vendre, au contraire, on est obligé de payer aux compagnies une redevance fixée à 5 guinées par an

(131 fr. 25 cent.). Les personnes qui veulent vendre dans les deux locaux sont tenues de payer cette somme à chaque compagnie. En dehors de ces droits qui sont dus par tous ceux qui fréquentent la bourse pour y vendre, il y a des redevances spéciales pour la location des comptoirs, stalles et autres emplacements destinés à recevoir les échantillons apportés au marché, ou à servir de bureaux pour les commerçants. Ces prix de location sont réglés de gré à gré entre les compagnies et les occupants ; ils varient suivant que l'affluence des marchands est plus ou moins considérable ; ainsi, il y a une vingtaine d'années, alors que le commerce était moins actif, le prix moyen ne dépassait pas, paraît-il, 10 guinées (262 fr. 50 cent.) par an ; aujourd'hui, il s'élève au double de cette somme (20 guinées). Les compagnies peuvent refuser, quand il leur plaît, les candidats qui se présentent pour obtenir une place dans le *corn exchange ;* elles n'ont pas à justifier leur refus.

Enfin les compagnies sont encore autorisées à percevoir une taxe (*toll*) sur toutes les ventes de grains et farines faites dans les locaux du *corn exchange* qui leur appartiennent. Ces taxes sont fixées à 12 deniers (1 fr. 25 cent.) par last (30 hectolitres) ; mais il paraît qu'en fait ces taxes sont à peu près tombées en désuétude, et que les compagnies n'en poursuivent pas le recouvrement. *Tolls.*

En outre des grains et farines, il se vend au *corn exchange* des légumes secs, des graines oléagineuses et divers autres produits agricoles.

Subscription rooms.

Indépendamment des salles affectées à la bourse des grains, les bâtiments du *corn exchange* contiennent des bureaux loués par les compagnies à des associations de diverses natures, telles que des associations de meuniers, de boulangers, etc. L'entrée dans ces salles, dites *subscription rooms*, est subordonnée au payement d'une somme annuelle de 5 guinées (131 fr. 25 cent.) au profit de la compagnie propriétaire, indépendamment des conditions particulières auxquelles l'admission dans l'association peut être soumise.

Inspection du *corn exchange*. — Personnel.

Le personnel attaché au *corn exchange* est nommé par les compagnies; il se compose d'un secrétaire ou receveur (*clerk* et *collector*) et d'agents inférieurs (*beadles*) chargés de maintenir le bon ordre dans la bourse et de prévenir les infractions aux règlements.

L'un des receveurs du *corn exchange* est commissionné par la corporation de la Cité de Londres pour remplir les fonctions d'inspecteur des grains et farines. Ces fonctions, importantes sous le régime de l'échelle mobile, sont devenues à peu près sans objet depuis la réforme des *corn laws*.

Ventes sur échantillons.

Toutes les ventes qui ont lieu au *corn exchange*

sont faites sur échantillon ; et, d'après des conventions commerciales universellement adoptées, tout acheteur a le droit, lorsqu'il achète des grains ou farines, de rompre le marché et de refuser de prendre livraison des marchandises, s'il ne les trouve pas conformes à l'échantillon qui lui a été présenté. Mais, dans ce cas, il doit signifier la résiliation au vendeur, au plus tard le jour du marché qui suit celui où la vente a eu lieu, avant dix heures du matin.

Commissionnaires en grains et farines.

La majeure partie des affaires qui se traitent au *corn exchange* se fait par l'intermédiaire de commissionnaires; ce sont eux qui vendent le plus souvent aux meuniers, aux boulangers et aux autres acheteurs les produits envoyés de la campagne et de l'étranger. Ils vendent même une partie des farines fabriquées à Londres ou dans les environs; le reste est vendu directement par les meuniers. Quelques boulangers sont en même temps commerçants en farines et achètent pour revendre à leurs confrères; mais c'est le petit nombre.

Parmi les intermédiaires qui exercent au *Mark lane,* les uns sont des *brokers,* courtiers assermentés et commissionnés par la corporation de Londres, les autres sont de simples *salesmen* qui ne sont revêtus d'aucune investiture officielle. Aux termes d'un acte du Parlement de 1842 (5, Victoria, c. 14), tous les commissionnaires, agents et autres personnes qui voulaient faire le commerce des grains et autres produits du sol de la Grande-Bretagne au *corn exchange* ou dans un lieu public quelconque, situé dans un périmètre de cinq milles autour de la Cité, devaient, avant de se livrer à ce genre de commerce, adresser au lord maire une déclaration écrite par laquelle ils s'engageaient, sous serment, à remplir loyalement leurs fonctions, et à fournir des bulletins de vente hebdomadaires, réguliers. Mais cette formalité, dont la prescription se liait à l'ancien système de l'échelle mobile, a perdu sa raison d'être aujurd'hui et ne paraît plus être exigée; la production des bulletins de vente, quoique n'ayant pas non plus été formellement abrogée, semble être aussi tombée en désuétude. Les commissionnaires ou autres agents commerciaux du *corn exchange* sont, d'ailleurs, librement choisis par leurs commettants, et leur nombre n'est pas limité. Ils prennent, en général, une commission de 2 1/2 p. 0/0 sur le montant des ventes ou des achats qu'ils opèrent, et lorsqu'ils garantissent le payement, ils ajoutent un droit supplémentaire de 1/2 p. 0/0, à titre de *ducroire*. D'après les renseignements qui m'ont été fournis, les affaires se font avec beaucoup de loyauté, et les intermédiaires jouissent, en général, d'une grande considération. Quelques-uns sont à la tête de maisons très-importantes, dont on n'évalue pas le capital à moins de 8 à 10,000 livres sterling (2,500,000 francs). Cependant ils ne font pas ordinairement d'affaires pour leur propre compte, et n'agissent guère que comme intermédiaires.

Pour terminer ce qui est relatif aux grains et farines, il reste à donner quelques renseignements sur l'industrie et le commerce de la meunerie.

Provenances de farines consommées à Londres.

La farine qui entre dans la consommation de Londres provient, en dehors de celle qui est fournie par l'étranger, d'une triple fabrication. Une partie est moulue dans les usines établies dans la ville même de Londres; une autre portion sort des moulins situés dans les campagnes avoisinantes; enfin une dernière partie est produite par les meuniers de comtés plus éloignés et particulièrement de ceux de Suffolk et de Norfolk. Il existe d'ailleurs entre ces farines des différences de qualité qui se traduisent par des écarts de prix à peu près constants et que l'on peut évaluer de 3 à 4 shillings environ. Ainsi, tandis que la farine fabriquée dans l'intérieur de la ville (*town flour*) vaut de 37 à 40 shillings le sac (37 à 40 francs le quintal), la farine provenant des campagnes environnantes (*country*) est cotée de 33 à 35 shillings (33 à 35 francs le quintal), et celle de Norfolk et de Suffolk de 30 à 31 shillings (30 à 31 francs le quintal).

Moulins de Londres.

Le nombre des moulins établis à Londres est d'environ 50, disséminés dans tous les quartiers, mais dont une notable partie, toutefois, est située sur les bords de la Tamise. Presque toutes ces usines sont mues par la vapeur; quelques-unes cependant sont alimentées par de petits cours d'eau. L'importance de ces établissements est assez variable. Quelques-uns fabriquent de 300 à 400 sacs de farine de 280 livres anglaises par semaine (380 à 500 quintaux métriques). D'autres atteignent une fabrication de 4,000 sacs (5,000 quintaux métriques). L'ensemble de tous les moulins de Londres produit une quantité totale de farine qui s'élèverait, d'après les renseignements qui m'ont été donnés, à 40,000 sacs environ par semaine; (51,000 quintaux); ce serait plus de la moitié de la consommation de Londres.

Système de mouture des meuniers anglais.

Le mode de mouture adopté par la meunerie anglaise, à Londres comme en dehors, est tout à fait différent du système suivi par les meuniers français. La mouture se fait tout entière d'un seul jet, et l'on ne sépare pas les gruaux. La farine est, en outre, beaucoup moins affleurée que celle de Paris. Les personnes que j'ai interrogées à Londres sur le mérite comparatif des deux farines m'ont dit que l'on considérait la farine anglaise comme ayant plus de corps, et la farine française comme présentant une nuance supérieure; mais les farines françaises sont regardées comme peu propres à faire le pain consommé à Londres; et l'on m'a assuré que les boulangers anglais ne se servent guère de ces farines que pour les mélanger avec la farine anglaise afin de relever la nuance du pain. Je n'ai pas besoin d'ajouter que les farines anglaises ne se prêteraient pas davantage à la fabrication du pain de Paris.

D'après les appréciations que j'ai recueillies et les moulins que j'ai visités, je crois pouvoir dire que les moulins français sont généralement mieux outillés et ont une meilleure organisation que les moulins anglais. Il est vrai que le système de mouture de nos meuniers paraît exiger des appareils plus compliqués et plus perfectionnés que la mouture anglaise, qui est beaucoup plus simple et plus expéditive. La différence, sous ce dernier rapport, entre les deux modes de travail est telle, qu'à Londres une heure de travail suffit pour opérer complétement la mouture de près de deux hectolitres de blé (5 *bushels*, — 1 hect. 81) avec une seule paire de meules, tandis qu'en France on calcule qu'en terme moyen il ne faut pas moins d'une heure de travail pour la mouture d'un hectolitre de froment, en tenant compte du temps nécessaire pour remoudre les gruaux. Il en résulte qu'avec le même matériel et la même force motrice, les meuniers anglais peuvent obtenir, dans un même laps de temps, deux fois plus de produits que les meuniers français. Les meules employées en Angleterre sont, d'ailleurs, pour la plupart, des meules françaises qui proviennent de la Ferté-sous-Jouarre.

Comptes de mouture.

Pour permettre à Votre Excellence d'apprécier les résultats de la fabrication anglaise, j'ai l'honneur de lui soumettre deux comptes de mouture établis, l'un par le courtier dont j'ai déjà invoqué plusieurs fois l'autorité, M. Osborne, l'autre par un meunier de Londres.

1° COMPTE DE M. OSBORNE.

Blé mis en mouture (1 quarter), 480 livres (75 kil. à l'hectol.).
Produit :

	Livres.	Chiffres proportionnels.
Farine propre à faire le pain de 1re qualité...	389	81,00
Farines inférieures....................	63	13,00
Son................................	16	3,30
Déchet de mouture..................	12	2,70
Totaux........	480	100,00

2° COMPTE FOURNI PAR UN MEUNIER DE LONDRES.

Blé mis en mouture, 480 livres anglaises :

		Livres.	Chiffres proportionnels.
Farine propre à faire le pain de 1re qualité....		390	81,1
Farine 2e............................		28	5,9
Gruaux fins (*fine middlings*)...........	15	50	10,3
Gruaux bis (*coarse middlings*)..........	5		
Rougeurs fines (*fine pollards*)..........	12		
Rougeurs grosses (*coarse pollards*).......	12		
Son (*broad bran*).....................	6		
Déchet..............................		12	2,7
		480	100,0

On voit, en comparant les deux comptes, que leurs résultats, en ce qui concerne la quantité de farine panifiable extraite, concordent d'une façon remarquable; et, sous ce rapport, les chiffres ci-dessus ont encore été confirmés par des renseignements remis par un meunier des plus importants des environs de Londres (M. Watney, de Wandsworth). On peut donc admettre que le rendement du blé en farine panifiable, propre à la consommation de Londres, est de 81 p. o/o.

Toutefois, la quantité totale de farine extraite du froment n'est pas homogène et présente, dans les diverses parties qui la composent, des différences assez notables quant à la qualité et au prix; ainsi on distingue la farine supérieure (*white* et *double white flour*) dont on n'obtient qu'une assez faible quantité relative, 60 à 80 livres sur 390. Cette farine est employée pour la fabrication du pain de luxe et de la pâtisserie, ou bien encore est mélangée avec des farines inférieures, pour la confection du pain ordinaire; puis, vient la farine dite *household* qui sert à la fabrication du pain de grande consommation; elle se divise elle-même en deux parties, la farine *household* de première qualité et la farine *household* de deuxième qualité. Le meunier qui m'a donné les renseignements qui précèdent me disait que ces deux farines étaient obtenues chacune en quantité à peu près égale : soit 150 à 160 livres chacune par quarter de blé.

Voici maintenant la série des prix attribués aux différents produits de la mouture par M. Osborne et par le meunier déjà cité (première huitaine de décembre 1859) :

PRIX DE M. OSBORNE.

Farine *white or double white*, 44 à 48 shillings le sac de 280 livres (44 à 48 francs le quintal).
Farine *household*, 40 à 42 *idem* (40 à 42 francs le quintal).
Farine seconde, 36 *idem* (36 francs le quintal).
Son, 100 shillings la tonne de 2,240 livres (12 fr. 50 cent. les 100 kil.).

PRIX DU MEUNIER.

Farine *white*, 38 à 40 shillings le sac (38 à 40 francs les 100 kil.).
Farine *household*, 1re qualité, 36 *idem* (36 francs les 100 kil.).
Farine *household*, 2e qualité, 34 *idem* (34 francs les 100 kil.).
Farine inférieure, 28 *idem* (28 francs les 100 kil.).
Gruaux fins (*fine middlings*), 38 shillings les 4 quintaux de 112 livres anglaises (23 fr. 70 cent. les 100 kil.).
Gruaux bis (*coarse middlings*), 28 *idem* (17 fr. 20 cent. les 100 kil.).
Rougeurs fines (*fine pollards*), 13 shillings les 16 bushels (2 fr. 80 cent. l'hectol.).
Rougeurs grosses (*coarse pollards*), 10 *idem* (2 fr. 15 cent. l'hectol.).
Son large (*broad bran*), 10 *idem* (2 fr. 15 cent. l'hectol.).

Les différences qui existent entre les prix attribués aux farines dans ces évaluations peuvent tenir à la nature des produits que chacune des deux personnes consultées avait en vue. Des farines portant la même dénomination peuvent en effet être vendues à des prix très-divers, suivant leur qualité et le mode de leur fabrication ; mais on voit que, dans chaque évaluation, l'écart entre les diverses espèces de farine extraites d'un même blé reste à peu près le même. Du reste, à Londres comme en France, les meuniers réunissent plusieurs sortes de blé pour faire les farines qu'ils livrent aux boulangers, et ceux-ci, de leur côté, font de nouveaux mélanges pour arriver aux types qui leur conviennent.

Les farines qualifiées inférieures, cotées à 36 shillings par M. Osborne et à 28 shillings par le meunier, sont encore vendues en partie aux boulangers de Londres pour être mélangées avec les autres farines pour faire le pain de deuxième qualité; mais ces farines s'emploient rarement seules. Les *fine middlings* ou gruaux blancs sont employés en grande partie à la fabrication du biscuit. Quant aux issues, elles servent à la nourriture des animaux.

La balance de compte d'un meunier de Londres s'établirait de la manière suivante, en prenant la moyenne des évaluations qui viennent d'être indiquées.

Prix d'un quarter de blé, 52 shillings (22 fr. 34 cent. l'hectol).

PRODUITS DE LA MOUTURE :

	Par quarter.	Par hectolitre.
Farines supérieures (*white* et *household*), 389 liv. à 40 shil., le sac de 280 liv.....	55sh 5d	23f 87c
Farines inférieures, 28 liv. à 30 shil.; le sac de 280 liv........................	2 11	1 20
Sons et issues, 50 liv. à 15 shil.; le sac de 280 liv.........................	2 6	1 05
	60 10	26 12
À DÉDUIRE :		
Prix du blé..........................	52 00	22 34
RESTE pour les frais et bénéfices du meunier.........................	8 10	3 78

Ainsi, l'écart entre le prix du blé et la valeur des différents produits qui en sont extraits s'élève, d'après ces calculs, à 8 shill. 10 den. par quarter, soit 3 fr. 78 cent. par hectolitre : ces chiffres ne sont d'ailleurs qu'approximatifs.

Dans les prix ci-dessus, la farine est supposée vendue aux boulangers, rendue dans leurs boutiques; c'est la règle ordinaire, sauf conventions contraires. Les prix de transport dans l'intérieur de Londres sont, en moyenne, pour le blé, de 6 à 8 deniers par quarter (20 à 25 cent. par hectolitre), et pour la farine, de 4 deniers par sac (36 cent. par 100 kilogrammes).

Association des meuniers.

Les meuniers de Londres forment entre eux une association libre : un des objets principaux de cette association consiste à empêcher le détournement des sacs, qui a pour eux le double inconvénient de leur faire perdre la valeur de la toile (1 shilling à 1 shill. 5 d. — 1 fr. 25 cent. à 1 fr. 75 cent.) et de les exposer à ce qu'on se serve frauduleusement de leurs marques. Il paraît qu'autrefois le détournement de ces sacs avait pris d'assez grandes proportions; aujourd'hui, les boulangers et autres personnes qui reçoivent des farines doivent renvoyer les sacs aux propriétaires. L'association des meuniers nomme un inspecteur spécialement chargé de surveiller la rentrée de ces sacs et de faire des visites chez les personnes soupçonnées d'en détenir.

Lorsque des sacs sont reconnus avoir été détournés, l'association en poursuit elle-même la réintégration entre les mains des propriétaires et fait condamner le détenteur à l'amende. L'association a, en outre, un but charitable, et paraît aussi s'occuper des intérêts généraux du commerce.

Les commissionnaires (*brokers* ou *salesmen*) ne forment pas entre eux d'association générale ; mais ils sont, pour la plupart, membres soit de la société des meuniers, soit d'autres associations libres, embrassant une sphère commerciale plus étendue.

PAIN.

Consommation à Londres.

D'après les renseignements indiqués plus haut, la quantité moyenne de farine consommée à Londres serait de 10,000 sacs anglais (1,270,000 kilog.) par jour, ce qui donne, pour une population de 2,600,000 habitants, une moyenne individuelle de 490 grammes de farine; cette consommation, d'ailleurs, se divise ainsi : 72 p. o/o environ, soit 350 grammes, sont consommés sous forme de pain ; le reste est employé dans la cuisine domestique, dans la pâtisserie, etc.

Le rendement de la farine en pain étant à peu près égal au taux réglementaire adopté à Paris pour l'établissement de la taxe, soit 130 de pain pour 100 de farine, les 350 grammes de farine consommés en moyenne par habitant représentent

455 grammes de pain; à Paris, la consommation a été dans ces dernières années d'environ 480 grammes. On voit que ces deux chiffres ne diffèrent pas très-sensiblement; et la consommation du pain est plus importante à Londres qu'on ne le suppose ordinairement. Mais la manière dont le pain se consomme est différente dans les deux villes. A Paris, on l'emploie en majeure partie sous forme de soupe; on le consomme aussi en grande quantité à l'état ordinaire avec les autres aliments. A Londres, on mange assez peu de pain avec la viande et les autres mets, et l'on y substitue ou l'on y ajoute généralement les pommes de terre; mais la grande consommation du pain se fait sous forme de tartines, beurrées ou non, et assez souvent grillées (*toasts*), que l'on prend avec le thé.

La diversité des usages adoptés par les consommateurs parisiens et anglais influe sur la nature et la forme des produits, qui diffèrent beaucoup aussi dans les deux villes. Ainsi, à Paris, le pain est allongé, développé et léger; la mie est ouverte, la croûte qui en couvre toute la surface est serrée, peu épaisse et croquante. A Londres, au contraire, le pain est plus compacte et plus ramassé : il affecte assez communément la forme de masses cubiques; la croûte est épaisse, et ne couvre que les surfaces supérieure et inférieure : les pains (*loaves*), serrés au four les uns contre les autres, se touchent par toutes leurs faces latérales. La mie, qui constitue la presque totalité du produit, est serrée et friable, quoique d'une remarquable élasticité; elle se coupe facilement en tranches larges et minces, pour les *toasts* et les *sandwichs;* enfin, l'habitant de Londres consomme assez habituellement le pain rassis, tandis que la population parisienne a un goût très-prononcé pour le pain frais qui, au reste, est, à Paris, par la nature même de sa fabrication, de beaucoup préférable au pain rassis.

Les procédés de panification de Londres diffèrent complétement aussi de ceux suivis à Paris. A Londres, on se sert, pour faire lever la pâte, de ferments artificiels; parmi ces ferments, les uns (*brewers yeast, german yeast*) se composent exclusivement de levure de bière, d'autres sont fabriqués par les boulangers eux-mêmes, avec un mélange de pommes de terre, de malt, de houblon, d'orge, etc. Ces derniers ferments sont de beaucoup les plus répandus et servent plus spécialement à la fabrication du pain usuel; les autres sont surtout employés pour la confection du pain de luxe : à Paris, on emploie assez peu de ferment artificiel, et l'on a recours généralement à la fermentation spontanée du levain. La différence qui vient d'être signalée dans les deux fabrications se traduit par une différence de saveur dans les produits : le pain anglais est fade et très-légèrement sucré, tandis que le pain de Paris a une saveur un peu aigre, qui échappe aux consommateurs qui en ont l'habitude, mais qui frappe beaucoup les étrangers, et notamment les Anglais; aussi ces derniers préfèrent-ils de beaucoup leur pain au nôtre, de même que nous avons peine à nous habituer au pain anglais: il y a là une question de goût dont on tirerait difficilement vanité d'une part ou de l'autre, et qui semble faire justice à la fois et des éloges exagérés donnés à notre pain et des critiques adressées au pain anglais. Ce qui est vrai, c'est que chaque fabrication satisfait les consommateurs auxquels elle est destinée.

Nombre des boulangers.

Le commerce de la boulangerie est divisé à Londres entre 2,800 petits ateliers, dont la fabrication moyenne porte sur environ 350 kilogrammes de farine par jour.

Il y a, d'ailleurs, entre ces boulangers, des différences notables. Les uns desservent plus particulièrement la population laborieuse, et fabriquent le gros pain, le pain de ménage, et généralement le pain de consommation usuelle. D'autres boulangers ont une clientèle plus aisée et d'un goût plus raffiné, et fabriquent surtout le pain de luxe et les petits pains, dont les variétés sont fort nombreuses. On rencontre aussi, dans les diverses catégories, de grandes différences sous le rapport de la consistance et de l'importance des établissements. Telle maison de boulangerie n'a aucune valeur foncière ou une valeur très-faible, tandis qu'un voisin plus habile possède un fonds qui peut valoir 60, 80, 100 et même 150,000 francs. Du reste, l'esprit de tradition et de famille est très-développé en Angleterre, et les meilleurs fonds de boulangerie se transmettent le plus souvent par voie héréditaire.

Grandes boulangeries.

Malgré le régime de liberté absolue qui existe pour la fabrication et la vente du pain, il ne s'est pas formé à Londres de très-grands établissements de boulangerie. Un seul très-important, et dépassant de beaucoup la fabrication des autres, produit environ 8,500 kilogrammes de pain par jour. Il ne comprend, du reste, que la fabrication du pain; on n'y fait pas la mouture de la farine, qui est achetée toute préparée. Cet établissement, qui a eu, paraît-il, beaucoup de peine à se former, est arrivé aujourd'hui à une situation meilleure. Un autre établissement du même genre a été créé par M. le docteur Dauglish, pour l'exploitation de procédés spéciaux consistant à supprimer le travail ordinaire de la panification et à obtenir la formation et le développement de la pâte au moyen d'un contact direct, en vase clos, de l'eau et de la farine avec de l'acide carbonique. Cet établissement paraît être entré aussi aujourd'hui dans une voie de prospérité. L'inventeur fonde du reste principalement ses chances de succès sur la supériorité qu'il attribue, sous le rapport de la qualité, aux produits provenant de son mode spécial de fabrication.

Vente du pain.

Le gros pain à Londres se vend au poids. Il est rigoureusement pesé, en général, en présence de l'acheteur, quand celui-ci vient l'acheter à la boutique. Quand on porte en ville, on ne constate pas le poids. Du reste, le transport du pain à domicile paraît moins répandu à Londres qu'à Paris et ne s'effectue communément que pour les classes aisées.

Il en est de même du crédit. Le boulanger exige le plus ordinairement le payement au comptant des ouvriers et des petits ménages; tandis que les classes aristocratique et bourgeoise ont l'habitude de régler leurs comptes deux ou trois fois seulement dans l'année.

Le pain de ménage et le pain de grande consommation sont vendus généralement par *loaf* de 4 livres anglaises (1 kilog. 800). Les pains de luxe et de fantaisie se vendent à la pièce sans indication de poids.

Les prix varient suivant la nature et la qualité du pain; d'une boutique à l'autre, ils diffèrent aussi suivant l'achalandage et la nature de la clientèle. Mais les écarts de prix, résultant de ces diverses circonstances, se maintiennent dans des limites à peu près constantes. Ainsi, lorsque le prix de la farine à *Mark lane* a monté ou baissé pendant plusieurs marchés de suite, les boulangers qui sont, par leur situation personnelle, à la tête de l'industrie, prennent l'initiative d'élever ou de diminuer le prix de leur pain. Ils écrivent alors à leurs confrères des lettres circulaires pour les prévenir de la résolution qu'ils ont prise, et ceux-ci suivent le mouvement dans le sens de la hausse ou de la baisse.

Quelques boulangers de Londres se livrent au commerce de la farine sur une grande échelle et vendent à leurs confrères cette matière première ; ces boulangers, en assez petit nombre du reste, sont aussi parfois propriétaires de plusieurs fonds dont ils confient la gestion à des parents ou à des tiers, se réservant personnellement la direction et la surveillance des établissements.

Tous les boulangers de Londres vendent de la farine au détail, pour les besoins domestiques. Cette vente a beaucoup d'importance, par suite de l'usage très-répandu à Londres d'employer la farine à la fabrication des *puddings*, des pâtés (*pies*), etc. Les boulangers mettent en outre leurs fours à la disposition de leur clientèle pour la cuisson des mets; certaines boulangeries, placées dans des quartiers populeux, trouvent même là un élément de profit accessoire assez important, en même temps que ce mode de cuisson est très-économique et partant très-avantageux pour les classes populaires. Aussi, le samedi et le dimanche notamment, voit-on de nombreuses ménagères affluer chez les boulangers, apportant des mets de toutes espèces, et souvent d'énormes morceaux de viande destinés aux repas de la famille pendant la semaine.

Dépôts de pain.

Le pain ne se vend pas seulement dans les 2,800 boulangeries dont j'ai parlé, il se débite aussi dans des dépôts tenus accessoirement par des épiciers, des crémiers et autres petits commerçants qui se chargent de la vente moyennant la remise de quelques centimes qui leur est faite par les fabricants. Ces dépôts sont presque aussi nombreux que les boulangeries. Le prix de vente du pain y est d'ailleurs le même que chez les boulangers.

BÉTAIL.

Consommation de Londres en viande de boucherie.

La consommation de la viande à Londres a une importance très-grande. Le bœuf et le mouton jouent surtout un rôle capital dans l'alimentation anglaise. Quant au porc, qui jadis entrait pour une très-large part dans la nourriture de la population, la consommation paraît en avoir notablement diminué depuis un certain nombre d'années. D'après les évaluations faites devant moi par l'inspecteur du marché de Newgate et quelques gros bouchers, la consommation moyenne en viande de boucherie serait, par individu, dans la ville de Londres, d'un peu plus d'une demi-livre anglaise de viande par jour, soit 250 grammes.

En prenant cette base, on trouverait pour une

population de 2,600,000 habitants, une consommation totale de 650,000 kilogrammes par jour, et de près de 240 millions de kilogrammes par année.

L'approvisionnement de Londres pour cet article s'opère de deux manières. Une portion de la viande est fournie par les animaux amenés vivants à Londres et abattus dans la ville ou dans les environs; une autre partie est envoyée tout abattue des comtés anglais, de l'Écosse, de l'Irlande et même des pays étrangers. Ces apports de viande abattue à Londres, qui ne datent guère que de l'établissement des chemins de fer, tendent à se développer de plus en plus; ils représentent aujourd'hui près de la moitié de l'approvisionnement et semblent même devoir dépasser prochainement cette proportion. Les arrivages de bétail sur pied ne se sont pas, à beaucoup près, accrus d'une manière aussi rapide.

Approvisionnement de Londres en bétail sur pied et en viande abattue.

Cependant le développement des voies de communication d'une part, et d'un autre côté, les réformes douanières opérées par Robert Peel ont singulièrement élargi la sphère d'action du commerce. Avant 1842, l'importation du bétail étranger était absolument interdite; en 1845, trois ans après la levée de la prohibition, l'Angleterre ne recevait encore de l'extérieur que 17,000 bœufs et

Importation à Londres de bétail étranger. — Influence des réformes douanières.

16,000 moutons, tandis qu'en 1858 il est entré dans le Royaume-Uni 285,048 têtes de bétail, savoir :

Bœufs et taureaux	47,912
Vaches	14,106
Veaux	26,983
Moutons	184,482
Porcs	11,565
TOTAL	285,048

Les deux tiers à peu près de ces arrivages sont entrés dans le port de Londres, qui seul a reçu, en 1858, 42,061 têtes de gros bétail.

On calcule qu'actuellement le bétail étranger représente près du sixième du nombre total des animaux de boucherie amenés dans la métropole. La Hollande, le Danemark et les villes anséatiques sont les principaux points d'expédition de ces animaux.

Les débouchés que le régime de liberté commerciale adopté en Angleterre a ouverts aux éleveurs hollandais et danois ont, paraît-il, apporté une sorte de révolution dans le mode d'exploitation des fermes de ces pays.

Avant 1844, les riches pâturages danois et hollandais étaient à peu près exclusivement consacrés à la production du lait et de ses dérivés (*dairy purposes*). Depuis lors, les cultivateurs ont commencé à engraisser le bétail en vue de l'exportation, et dans ce but ils ont planté des betteraves et des turneps dans leurs anciennes prairies naturelles.

Le bétail vivant que reçoit Londres de l'intérieur ou du dehors est vendu sur un marché unique, aujourd'hui situé au nord-ouest de la ville, à Islington, dans le *Copenhague field,* et précédemment placé au centre de la Cité, à Smithfield.

Marché aux bestiaux.

Le *Smithfield market*, déplacé depuis quelques années seulement (1855), avait une existence qui remontait presque aux premiers temps de l'histoire de Londres. La corporation municipale de la Cité possédait ce marché par droit de prescription, confirmé par de nombreuses chartes ou actes du Parlement. Dès 1327, le roi Édouard III, dans la première année de son règne, déclarait dans une charte que « ni le roi ni ses successeurs ne pourraient concéder aucun marché aux bestiaux dans un périmètre de 7 milles (11 kilomètres) autour de la Cité de Londres. » Le marché de Smithfield avait été expressément maintenu à la Cité de Londres, avec les droits qui y étaient perçus, par une autre charte de Charles Ier (1638) confirmée, par une charte d'*Inspeximus* de Charles II. Un acte du Parlement, rendu sous le règne de Guillaume et de Marie (2, Guillaume et Marie, c. 8), reconnut plus tard encore les droits et priviléges de la Cité en ce qui concernait le marché de Smithfield. Enfin, en 1835, un acte du Parlement (5 et 6, Guillaume IV, c. 3) ayant autorisé la construction d'un marché aux bestiaux à Islington, le même

Ancien marché de Smithfield.

acte imposa aux concessionnaires l'obligation de payer à la ville de Londres une indemnité calculée à raison de tant pour cent sur le produit net des droits à percevoir sur le nouveau marché, et renouvela la défense, antérieurement faite, de construire aucun nouveau marché aux bestiaux dans un rayon de 7 milles autour de la Cité.

La concurrence du marché d'Islington ne porta du reste aucun préjudice aux intérêts de la ville.

Marché particulier d'Islington.

Son existence éphémère.

Voici en effet comment M. Dodd, dans son ouvrage sur la consommation de Londres (*Food of London*), raconte l'histoire éphémère de cet établissement : « Le nouveau marché ouvrit en mars 1836, sous des auspices en apparence assez favorables; mais les partisans de l'ancien système (maintien de Smithfield) firent une si violente (*so fierce*) opposition, qu'ils empêchèrent les éleveurs de la campagne d'envoyer leur bétail vivant à Islington. Après une existence pénible (*struggling*) de sept mois, le nouveau marché succomba, et cette propriété devint sans aucune valeur. Quelques années plus tard, un groupe de maisons marquait l'emplacement naguère occupé par le marché avorté d'Islington (*abortive market*). » La construction de ce marché avait coûté au sieur Perkins, le concessionnaire, 100,000 livres sterling (2,500,000 francs).

Mais si la Cité était parvenue à faire respecter ses priviléges et à maintenir sans rival le marché de Smithfield, l'accroissement de la consommation et l'extension que les apports sur le marché avaient prise avaient rendu cet établissement très-insuffisant pour les besoins du commerce.

Pour permettre à Votre Excellence de se faire une idée des inconvénients qui résultaient de l'exiguïté de cet emplacement, et des plaintes que cet état de choses avait excitées, je crois devoir lui mettre sous les yeux une description, aussi vive que peu flattée, d'un jour de marché à Smithfield, tracée, en 1854, par un des rédacteurs de la Revue trimestrielle (*Quaterly Review*, 1854, n° 190).

Description de l'ancien marché de Smithfield. — Ses inconvénients.

« L'étranger, dit l'auteur, après avoir admiré la magnificence de nos docks, la solidité de nos ponts, voudra naturellement visiter une *exposition nationale de notre grandeur* (*national exposition of our greatness*) dans le principal marché consacré au bœuf anglais, l'orgueil de John Bull. Ce qu'il verra, en réalité, s'il a le courage de s'aventurer dans les rues étroites et escarpées qui avoisinent Smithfield, et que le grand incendie a malheureusement épargnées, ce sera un emplacement irrégulier, entouré de maisons malpropres et de murs à moitié démolis, qui donnent à ce lieu l'apparence de ruines; le tout renfermé dans un espace de 6 acres 15 perches (un peu moins de 2 hectares), routes et chemins publics compris. C'est dans cet étroit espace, encombré d'abattoirs, de triperies, d'échaudoirs, etc., que les côtelettes de mouton, les aloyaux, les épaules, les gigots, les filets, qui décorent les tables de notre capitale pendant l'année, ont été, pour la majeure partie, meurtris et contusionnés pour le plus grand profit de la corporation civique installée à Guildhall. Grâce au bon sens public, dont la voix a fini par se faire écouter, les jours de Smithfield sont comptés, et ceux qui désirent voir cette énorme agglomération de quadrupèdes alimentaires (*edible quadrupeds*), avant son départ pour sa nouvelle résidence de *Copenhague field,* ne doivent pas tarder davantage. Le temps le plus propice pour cette visite est la matinée du grand jour (*great day*) [1]. A cette occasion, non-seulement l'emplacement calculé pour contenir 4,100 bœufs et 30,000 moutons, outre les porcs et les veaux, est comble (*crammed*), mais encore ses abords, dans un périmètre de plusieurs centaines de pieds, regorgent de bétail vivant, et des troupeaux de bœufs interceptent la circulation jusqu'à l'église du Saint-Sépulcre. Si un étranger parvient à se frayer un chemin au milieu de cet encombrement, et si, grâce à quelques pas de porte ou à quelque éminence de terrain, il réussit à s'élever de quelques pieds au-dessus du sol, il pourra, à la lueur de centaines de torches, voir s'étendre au loin devant lui une masse ondulante (*writhing*), à moitié éclairée, surmontée d'une double ligne de cornes, et dont une portion

(1) On désigne ainsi le dernier marché qui précède Noël.

est divisée en rangées séparées par des barrières (*rails*) qui bordent la place dans toute sa longueur, tandis que l'autre partie est ramassée par groupes serrés. Dans un autre endroit du marché, les torches mouvantes lui feront découvrir, à travers leur lumière blafarde, une couple d'acres de laine vivante, et quelques perches de peaux de porcs (*rools of pig's skins*). S'il s'aventure au milieu de ces masses serrées et remuantes, il comprendra la raison de l'agitation qui règne parmi tous ces animaux. Ici un *drover* (conducteur), avec son bâton, presse le bœuf dans l'espace le plus étroit possible. Un peu plus loin, une demi-douzaine d'individus font des efforts désespérés pour faire rentrer dans les *rails* (barrières) les bêtes récalcitrantes. Dans les luttes qui suivent la rupture des rangs, on entend souvent se briser les doigts de ceux qui dirigent l'opération, et il est rare de voir, sur le marché, des *drovers* auxquels il ne manque pas quelque phalange. Les moutons, encaissés dans les parquets comme des figues dans une tonne, sont couchés les uns sur les autres sans faire un mouvement. Les porcs, dans un autre endroit, crient jusqu'à ce qu'ils soient épuisés. Cette scène, qui a plutôt l'aspect d'un hideux cauchemar (*nigthmare*) que d'une exhibition hebdomadaire dans un pays civilisé, les jurements des hommes et les coups sourds des bâtons, tout cela forme un charivari qu'il faut entendre pour s'en faire une idée. Ce tohu bohu (*hubbub*) diminue graduellement depuis minuit, heure de l'ouverture, jusqu'à trois heures de l'après-midi du jour suivant ; mais, pendant tout ce temps, à mesure que de nouveaux lots sont amenés, les actes individuels de cruauté se renouvellent. Peut-on s'étonner qu'un pareil état de choses, dont nous avons supprimé les plus tristes détails, à cause de l'horreur qu'ils inspireraient, ait pour effet de détériorer le bétail à un point tel, que, suivant l'expression d'un des déposants devant la commission de Smithfield, « un éleveur ne pourrait plus reconnaître ses propres « animaux quatre jours après les avoir quittés? » La qualité même de la viande en est altérée, car tout le monde sait que de telles secousses (*fright or passion*) doivent agir sur le sang et conséquemment sur la chair. Les animaux soumis à de pareils traitements deviennent souvent verts vingt-quatre heures après la mort. M. Stater, boucher, bien connu dans *Kensington* et *Jermin street,* prétend que le mouton est souvent tellement défiguré par les coups de bâton, qu'il ne peut être vendu pour les tables du *West-End* (quartier aristocratique de Londres). Beaucoup de *drovers,* nous en sommes convaincus, ne sont pas naturellement brutaux (*ruffians*), et nous pensons que les actes de cruauté qui se commettent doivent être attribués, pour la plus grande partie, à l'emplacement même du marché, qui, eu égard à l'énorme quantité d'affaires qui se traitent les lundis et vendredis, est d'une absurde et déplorable exiguïté. »

Les inconvénients et les dangers du marché de

Smithfield avaient, du reste, été reconnus par la corporation de Londres, qui avait fait depuis le commencement du siècle d'inutiles tentatives auprès du Parlement, pour obtenir l'autorisation soit d'agrandir, soit de déplacer le marché. Onze propositions dans ce sens ont été présentées sans succès aux chambres de 1802 à 1835.

Projets d'agrandissement et de déplacement du marché de Smithfield.

L'élargissement en avait été refusé notamment en 1809 par les lords du Conseil privé pour le commerce, par le motif que l'on considérait comme impossible d'obtenir une appropriation convenable pour un marché aux bestiaux, dans un lieu aussi entrecoupé de voies et de rues publiques, dans une partie aussi active et aussi commerçante de la ville, et que l'agrandissement proposé paraissait ne pouvoir être qu'un palliatif inutile. Quant au déplacement même, il avait été entravé soit par des difficultés financières et administratives, soit par la résistance qu'opposaient à la mesure les divers intéressés, notamment la compagnie des bouchers, le *Foundling Hospital* (Hospice des enfants trouvés), qui recevait une rente annuelle sur les produits du marché, les propriétaires des quartiers avoisinants, etc.

Enquêtes relatives au déplacement de *Smithfield market*.

Enfin, en 1847, la vivacité des plaintes qui s'élevaient contre le marché de Smithfield engagea la chambre des communes, à laquelle ces réclamations avaient été adressées, à faire un examen plus approfondi de la question. Un comité choisi dans le sein de la chambre procéda à une première enquête (1847). Ce travail préliminaire ne suffit pas, et trois autres enquêtes furent faites successivement, en 1849, 1850 et 1851, par des comités nommés par la chambre des communes.

Toutes ces commissions furent unanimes pour reconnaître la nécessité du déplacement du marché de Smithfield, et l'opportunité d'y substituer un nouveau grand marché, situé dans un quartier moins populeux, à proximité des principaux points d'arrivée du bétail forain ou étranger.

Déplacement de Smithfield. — Acte de 1851.

Le Parlement, adoptant les conclusions de ces commissions, rendit, en 1851, une loi (14 et 15, Victoria, c. 61) par laquelle il ordonna en principe la suppression du marché de Smithfield, et mit la corporation de la ville de Londres en demeure de déclarer, dans un délai de six mois, si elle entendait se charger de la construction du nouveau marché. A défaut par elle de se prononcer, ou sur son refus, des concessionnaires désignés dans l'acte étaient autorisés à en entreprendre l'exécution. Dans l'acte de 1851, l'emplacement choisi pour le nouveau marché n'était pas indiqué, et toute liberté d'option était laissée sous ce rapport, soit à la ville, soit aux concessionnaires qui se substitueraient à elle. L'acte portait seulement que le nouveau marché devait être placé dans un endroit moins central et plus spacieux que Smithfield. Le choix de l'emplacement devait d'ailleurs être soumis à l'approbation d'un des lords secrétaires d'État de la Reine.

La corporation municipale de Londres crut devoir se charger de l'entreprise, et, sur le rapport du *Markets improvement committee,* qui procéda à ce sujet à plusieurs enquêtes spéciales (Rapports des 21 octobre 1852, 9 juin 1853, 14 décembre 1854), la Cité fit choix, avec l'approbation du ministre de l'intérieur, d'un emplacement situé au nord-est de Londres, à Islington, dans un champ désigné sous le nom de *Copenhague field.*

Choix d'Islington.

La préférence donnée à cet emplacement fut motivée surtout par la proximité des stations du chemin de fer *Great-Northern* et de la ligne de jonction des chemins de l'Est et de l'Ouest, chemins par lesquels arrive la plus grande partie du bétail, soit de l'Écosse soit des comtés d'engraissement de l'Angleterre.

Description générale du nouveau marché.

Le nouveau marché comprend une superficie totale de 30 acres (12 hectares environ), et se compose de différentes parties [1].

[1] Le terrain acheté par la corporation de Londres à Islington embrasse dans son ensemble 78 acres de superficie : mais, dans cette étendue, se trouvent compris les terrains affectés aux hôtels et *public houses*, ceux réservés pour les pâturages, l'emplacement des abattoirs, et enfin un emplacement affecté à un marché à la viande morte que la ville avait voulu adjoindre au marché au bétail : mais ce marché n'a pas réussi ; il n'y a qu'un seul boucher qui vende un peu de viande morte à Islington, et cette vente a lieu dans un des abattoirs.

L'emplacement spécialement affecté à la tenue du marché est divisé en deux parties, dont l'une comprend les parquets (*pens*) destinés aux moutons, et l'autre les préaux (*rails*) affectés au gros bétail. Toute cette partie du marché est découverte; il y a en outre deux bâtiments couverts, dont l'un reçoit les porcs, et l'autre les veaux. Au centre du marché s'élève une rotonde dans laquelle sont placés les bureaux du receveur du marché, des offices de banquiers et quelques boutiques.

Les dimensions du *Metropolitan cattle market* ont été calculées de manière à pouvoir contenir à la fois 6,000 têtes de gros bétail, 30,000 à 35,000 moutons, un millier de veaux et autant de porcs.

Ces nombres peuvent être facilement dépassés, et au jour du grand marché qui précède Noël, on compte souvent plus de 7,000 têtes de gros bétail.

En dehors de l'emplacement du marché proprement dit, se trouvent des étables destinées à la garde des animaux invendus. Les étables affectées au gros bétail et celles affectées aux moutons sont séparées et forment des bâtiments tout à fait distincts, respectivement placés devant la partie du marché où se tiennent les animaux de l'espèce correspondante.

Derrière les étables sont placés des abattoirs que la ville loue à des bouchers ou à toutes autres personnes qui veulent abattre des animaux pour leur propre compte ou pour celui du tiers. Il y a 8 abattoirs pour les bœufs et 4 pour les moutons, mais ceux-ci ne sont presque jamais utilisés.

Enfin, la ville a fait construire des *public houses* (cafés ou restaurants) qu'elle loue à des particuliers et qui sont fréquentés par les personnes qui se rendent au marché. Mais des hôtels beaucoup plus vastes, bâtis par la ville autour du marché, sont restés jusqu'à présent inoccupés et n'ont donné aucun produit depuis leur construction. L'éloignement du quartier d'Islington, sa situation isolée et écartée paraissent être la cause de l'impossibilité où la ville s'est trouvée de tirer profit de ces hôtels auxquels on avait donné de très-grandes proportions dans l'espoir d'une plus facile location, et dont la construction avait coûté plus de 30,000 livres (750,000 francs).

La création par la corporation de la Cité de Londres du nouveau *Metropolitan cattle market* a été sanctionnée par un acte du Parlement (20 et 21, Victoria, c. 135, 1857).

En vertu de cet acte, le vaste territoire, d'une contenance de 78 acres, qui comprend le marché et tous ses abords et dépendances, a été entouré de murs et placé sous l'autorité directe et exclusive de la corporation municipale de Londres, quoique situé en dehors de la Cité. Ce territoire dans son ensemble porte le nom de *Market Area*.

La portion de ce territoire spécialement affectée à la tenue du marché est désignée sous le nom de *Market place*.

Le marché métropolitain d'Islington était destiné à recevoir, outre les bestiaux de boucherie, les chevaux, ânes, mulets, etc., la paille et le foin vendus en gros, et même la viande abattue.

Mais la paille et le foin n'ont jamais paru au marché d'Islington, et ils sont actuellement vendus sur l'emplacement de l'ancien marché de Smithfield. Pour la viande abattue, il résulte des dépositions faites dans une enquête qui a eu lieu en 1856 qu'un seul commissionnaire (*salesman*) vendait au *Metropolitan market* de la viande provenant des animaux abattus dans les abattoirs situés près du marché; quant aux chevaux, un marché spécial se tient une fois par semaine à Islington, le vendredi; mais il n'a qu'une très-médiocre importance, et les animaux vendus sont, pour ainsi dire, des bêtes de rebut (*kankers horses*), qui n'ont qu'une très-faible valeur.

Règlements relatifs au nouveau marché.

Voici les dispositions les plus importantes des règlements pris par la corporation municipale, en vertu des pouvoirs qui lui ont été conférés par le Parlement.

Jours de marché.

Le marché aux bestiaux, le seul dont il y ait lieu de s'occuper, se tient deux fois par semaine, le lundi et le jeudi. De ces deux jours, le lundi est de beaucoup le plus important; le marché du jeudi est bien moins fréquenté; le marché est ouvert de trois heures du matin à deux heures de l'après-midi.

Lorsque le lundi ou le jeudi tombe le jour de Noël, le marché est remis au lendemain. Il est absolument interdit, sous peine d'une amende de 40 shillings (50 francs), de conduire ou de placer des animaux au marché le dimanche.

Conduite des bestiaux. — Désignation des places, etc.

La veille de chaque jour de marché, le *clerk* reçoit les déclarations des commissionnaires (*salesmen*) qui se proposent d'envoyer des animaux au prochain marché, et distribue les places que ces bestiaux devront occuper.

Avant d'entrer au marché, toute personne qui amène des bestiaux doit remettre au gardien une note écrite, contenant une indication détaillée du nombre et de l'espèce des animaux et faisant connaître le nom du propriétaire et celui du *salesman* par lequel ces animaux sont introduits. L'omission de cette formalité est punie d'une amende de 40 shillings (50 francs).

La conduite des bestiaux au marché et leur passage dans les rues de Londres sont soumis à des règlements destinés à faciliter la circulation et à prévenir les accidents.

Une fois sur le marché, les animaux sont confiés à la garde d'agents spéciaux, commissionnés par la corporation et désignés sous le nom de *drovers* ou conducteurs. L'emploi de ces *drovers* est obligatoire; mais un certain nombre de *salesmen* ou de propriétaires font prendre par leurs agents une commission (*license*) de *drover.*

Nul animal amené sur le marché ne peut, excepté en cas d'accident ou de maladie, être retiré sans avoir été publiquement exposé en vente, et il ne peut être vendu dans aucun autre endroit du marché que dans celui spécialement désigné sous le nom de *Market place.* Mais il n'existe aucune prescription pour obliger d'amener sur le marché les animaux qui viennent à Londres.

Un animal peut être vendu devant la porte du marché ou dans les environs, avant d'y être introduit; de même aussi, peut-il, après avoir été exposé en vente, être retiré avant d'avoir été vendu et sans attendre la clôture du marché; les animaux qui restent invendus peuvent être laissés dans les étables publiques, placées près du marché, ou gardés dans tout autre endroit.

Tout acte de cruauté commis dans l'enceinte du marché est puni d'une amende de 5 livres sterling (125 francs).

D'après le règlement fait par le *common council,* le 18 mai 1855, le marché métropolitain ne devrait jamais contenir plus de 6,100 têtes de gros bétail; mais cette prescription n'est pas appliquée; tous les animaux qui sont présentés sont admis; et il a déjà été dit qu'au jour du grand marché (le lundi de la semaine qui précède Noël) il n'est pas rare de voir le nombre de ces animaux dépasser 7,000.

Les animaux malades ou malsains ne doivent pas être amenés sur le marché : s'il en est introduit, l'inspecteur du marché a le droit de les faire détruire et peut en outre poursuivre devant les juges de paix les propriétaires ou *salesmen* pour les faire condamner à une amende qui ne peut dépasser 20 livres sterling (500 francs).

Tous ces règlements peuvent être changés et modifiés par le *common council* avec l'approbation d'un des secrétaires d'État.

L'acte du Parlement de 1857 qui a confirmé la corporation de Londres dans la possession du *Metropolitan cattle market* reproduit la clause des actes précédents qui stipulait qu'aucun autre marché aux bestiaux ne pourrait être établi dans un rayon de 7 milles (11 kilomètres) autour de Saint-Paul.

Personnel attaché au marché.

Voici, d'après le dernier compte rendu relatif au marché métropolitain, quelle est la composition et quelles sont les fonctions du personnel attaché à cet établissement :

1° Contrôleur (*clerk*). La veille de chaque marché, distribue aux *salesmen* les préaux (*stands*) pour le gros bétail, et les parquets (*pens*) pour les moutons ; règle les dispositions générales pour la tenue du marché, en surveille l'exécution, doit faire connaître, par un avis affiché, les jours où il se tient à son bureau; les jours du marché, il doit être présent, recevoir les droits de place et les rétributions relatives à la garde et à la nourriture (*lairage and hay*) du bétail et des moutons; achète le foin nécessaire pour le service des étables; se rend aux bureaux de police (*attends at police offices*) chaque fois que cela est utile, pour fournir des renseignements ou suivre les affaires; assiste à Guildhall à toutes les réunions du *markets improvement committee;* verse deux fois par semaine dans la caisse municipale (*into the chamber*) toutes les sommes qu'il a reçues; veille à ce que toutes les entrées soient régulièrement déclarées, à ce que tous les registres du bureau soient convenablement tenus, et les comptes exactement balancés; reçoit les plaintes contre les *drovers,* les demandes relatives à l'obtention des commissions de *drovers,* et les avis de changement de résidence de ces agents; prépare leurs commissions (*licenses*) et les inscrit au fur et à mesure de leur délivrance sur un registre tenu à cet effet; le *clerk* du marché métropolitain reçoit un traitement fixe de 300 livres sterling (7,500 francs) par an; il est en outre logé aux frais de la Cité de Londres, et est autorisé à prendre un employé spécial (*assistant*), payé par la corporation municipale à raison de 2 livres sterling (50 francs) par semaine (2,600 francs par an); il présente deux cautions de 250 livres sterling chacune (6,250 francs).

2° Premier contrôleur adjoint (*first assistant*

clerk). Inscrit, la veille de chaque marché, les déclarations relatives au gros bétail et aux moutons; fait le compte du bétail et marque les places; les jours de marché, prépare les comptes des étables, les listes à remettre aux banquiers, les relevés à communiquer aux journaux; s'occupe en outre des affaires générales; perçoit les droits pour les vaches, et le vendredi se tient à la porte du marché aux chevaux et reçoit les droits; remet le montant de ses recettes entre les mains du contrôleur; tient les registres et les comptes relatifs aux étables; son salaire est de 35 shillings (43 fr. 50 cent.) par semaine, ou 2,300 francs par an.

3° Second contrôleur adjoint (*second assistant clerk*). La veille de chaque marché, dresse le registre des moutons, marque la moitié des préaux (*rails*) et tous les parquets (*pens*); les jours de marché, fait le dénombrement des moutons et des veaux; établit les comptes des droits (*tolls*), en fait la perception et remet l'argent au *clerk* du marché; tient le registre des droits et fait les extraits nécessaires pour les comptes de Guildhall; reçoit un salaire de 25 shillings par semaine (31 fr. 25 cent.), soit 1,650 francs par an.

4° Inspecteur (*inspector*). Chargé de la surveillance des hommes employés au nettoyage des étables et du marché, surveille les réparations, et veille à ce que le marché soit tenu en bon état de propreté; assure l'exécution des règlements du marché; empêche l'encombrement et le désordre; reçoit la paille pour le service des étables, en constate le poids et la qualité; prend note des quantités entrées et sorties, en fait chaque semaine la balance, qui doit être approuvée par le *clerk* du marché; remet, toutes les semaines, au contrôleur de la chambre (*comptroller of the chamber*) l'état des animaux entrés dans les étables, ainsi que des quantités de paille et de foin consommées; tient compte de tout le fumier qui sort des étables; assiste à toutes les réunions du *Markets improvement committee.* Son traitement annuel est de 91 livres sterling par an (2,300 francs).

Au-dessous de ces fonctionnaires se placent divers agents inférieurs, savoir : un bouvier (*lairman*), un bouvier adjoint (*assistant lairman*) et un préposé aux bergeries (*sheep lairman*), chargés de soigner le gros bétail ou les bêtes ovines mis en garde dans les bouveries et les bergeries du marché. Leur salaire est de 2 livres sterling (50 francs) par semaine (2,600 francs par an), pour le premier; de 30 shillings (39 fr. 50 cent.) par semaine (1,950 francs par an), pour le second; et de 35 shillings (43 fr. 75 cent.) par semaine (2,300 francs par an), pour le troisième; deux hommes de peine (*labourer*) payés à raison de 30 et 35 shillings par semaine (1,950 et 2,300 francs par an). Deux ouvriers (*lamplighter*) pour le service de l'éclairage, dont l'un reçoit 30 shillings, et l'autre 22 shill. 6 den. (37 fr. 50 cent. et 28 fr. 10 cent.) par semaine, soit 1,950 et 1,520 francs par an. Un charpentier forgeron (*carpenter and smith*) à 2 livres (50 francs) par semaine (2,600 francs par an).

Un inspecteur spécial du bétail (*inspector of cattle*) est encore attaché au marché métropolitain, et est chargé d'empêcher l'introduction sur le marché d'animaux malsains ou malades; il peut faire détruire ceux qui y sont amenés; son traitement est de 200 livres sterling (5,000 francs) par an.

Drovers

J'ai déjà signalé, en dehors du personnel d'inspection et de police attaché au marché métropolitain, les *drovers* ou conducteurs de bestiaux; ces agents reçoivent des commissions délivrées par le *Markets improvement committee*, et pour l'obtention desquelles les candidats doivent présenter, sur des formules tout imprimées, des demandes indiquant leur âge, leur domicile, et contenant un certificat d'aptitude et de moralité signé par deux *house keepers* [1].

Les commissions (*licenses*) doivent être renouvelées tous les ans et donnent lieu au payement d'un shilling (1 fr. 25 cent.) à chaque renouvellement. Le nombre des *drovers* n'est pas limité; on en compte environ 1,200; ils sont chargés, à l'exclusion de

[1] Personnes présentant des garanties analogues à celles qu'offrent les *témoins domiciliés* dont on exige l'assistance dans des circonstances à peu près semblables en France.

toutes autres personnes, de conduire les bestiaux dans les rues situées dans le ressort de la police métropolitaine, et de surveiller ceux qui sont amenés au marché. Il a déjà été dit plus haut que beaucoup de *drovers* étaient des agents des bouchers ou des expéditeurs que ceux-ci font commissionner par la corporation. Tout *drover* doit être muni d'une plaque apparente qui indique sa qualité. L'absence de cet insigne dans l'exercice de ses fonctions peut donner lieu à une amende de 40 shillings. Pareille peine est infligée aux personnes qui agissent comme *drovers* sans autorisation.

Le salaire des *drovers* est réglé à l'amiable par les personnes qui les emploient, et n'est pas l'objet d'un tarif officiel. Ils prennent en général, pour la conduite des animaux, 6 deniers (62 cent. 5) par tête de gros bétail, 2 demi-deniers (2 cent. 6) par veau, 1 shilling (1 fr. 25 cent.) par 20 moutons.

Droits perçus par la Cité (*dues and tolls*).

La corporation de la ville de Londres a été autorisée par les actes du Parlement à percevoir des droits de place et des taxes (*dues and tolls*) un peu plus élevés que ceux qui existaient sur l'ancien marché de Smithfield.

Le tableau suivant contient les tarifs comparés des anciens droits et de ceux nouvellement en vigueur.

DÉSIGNATION.	ANCIEN SMITHFIELD.		METROPOLITAN MARKET.	
DROITS DE PLACE (*DUES*) POUR LE GROS BÉTAIL, LES MOUTONS, VEAUX ET PORCS.				
	sh. d.	fr. c.	sh. d.	fr. c.
Parcs fixes (*pens*)	1 0	1 25	1 0	1 25
Parcs mobiles (*hurdle*)	10	1 02	0	0 00
Stationnement du gros bétail (bœufs, taureaux et vaches) ou des veaux attachés aux barrières (*ties or rails*), par tête	1	0 10	1 1/2	0 15
Pour les chevaux	2	0 20	1 1/2	0 15
TAXES (*TOLLS*).				
Moutons, par lots de 20 (*score*)	2	0 20	4	0 41
Gros bétail, par tête	1	0 10	2	0 20
Veaux	1	0 10	1	0 10
Chevaux, par tête	4	0 41	6	0 62
Porcs, par lots de 20 (*score*)	4	0 41	6	0 62

Les droits perçus pour la garde et la nourriture des animaux placés dans les étables publiques du marché métropolitain sont en outre fixés comme il suit :

Gros bétail, par tête, 3 deniers (30 centimes) par nuit.
Pour le foin, 1 shilling (1 fr. 25 cent.) par nuit.

Produits et dépenses du marché.

D'après les évaluations présentées en 1853 au *common council* par le *Markets improvement committee*, les recettes probables du marché projeté étaient ainsi établies :

	Liv. st.	Fr.
Produit de la location des places et des autres droits perçus sur le marché	9,550	238,750
Droits de garde dans les étables	5,200	130,000
Produit des abattoirs	450	11,250
Produit des auberges, cafés, hôtels, offices de banquiers, etc	3,150	78,750
TOTAL	18,350	458,750

Les dépenses annuelles d'entretien et de personnel étaient évaluées, à la même époque, au quart environ des produits bruts, soit 4,500 livres sterling ou 112,500 francs.

L'estimation relative à la recette du marché d'Islington ne s'est pas réalisée, et les produits sont restés bien au-dessous des chiffres ci-dessus : la différence en moins provient surtout de ce que les hôtels les plus importants construits autour d'Islington n'ont pas été loués, et de ce que les droits de garde perçus dans les étables ont donné des recettes très-inférieures aux prévisions.

En 1858, l'ensemble des produits bruts du marché métropolitain a été de 11,278 livres sterling (281,950 francs), savoir :

Locations et droits de place	4,036f
Taxe des bestiaux	7,242
TOTAL	11,278

Les dépenses s'élèvent annuellement à environ 4,000 livres sterling (100,000 francs). Les produits nets ont donc été seulement, en 1858, d'environ 7,278 livres sterling (181,950 francs).

Les fonds employés à la création du marché ayant été de 11 millions de francs, cette somme de 182,000 francs représente seulement 1,6 p. 0/0 du capital engagé ; or, la corporation municipale est obligée de payer une somme annuelle de 465,000 fr. pour les intérêts des emprunts qu'elle a contractés pour la création du marché. Les produits se sont donc trouvés, en 1858, inférieurs aux charges d'une somme d'environ 11,300 liv. sterling (280,000 fr.).

Autrefois, au contraire, la ville retirait de l'ancien marché aux bestiaux de Smithfield un revenu net de 5 à 6,000 livres sterling (125 à 150,000 fr.) qui ne supportait aucune charge, puisque l'emplacement de Smithfield était la propriété de la ville, et qu'elle n'avait aucun intérêt à payer. Il en résulte que, financièrement parlant, la ville a eu à faire des sacrifices assez considérables pour doter la métropole d'un marché aux bestiaux, puisque, au lieu d'un revenu net, elle se trouve annuellement en présence d'un déficit notable, en tenant compte des intérêts à servir pour le capital appliqué à l'entreprise : ce sacrifice toutefois se trouve largement compensé par les avantages que présente, sous le rapport de l'approvisionnement et de la sûreté publique, le nouveau marché, comparativement surtout à l'ancien Smithfield, dont la suppression a été commandée par des considérations majeures d'ordre et de salubrité [1].

Importance des apports de bestiaux au marché de Londres à diverses époques.

Depuis le XIVe siècle jusqu'à son remplacement par le *Metropolitan market*, l'ancien marché de Smithfield avait toujours été le seul marché aux bestiaux de Londres. Les documents publiés dans les enquêtes officielles permettent de suivre le mouvement des apports de bestiaux vendus sur ce

[1] Voir plus haut pages 74 et suivantes.

marché, depuis la fin du XVIIe siècle jusqu'à l'époque actuelle. En voici le résumé :

NOMBRE DE BESTIAUX VENDUS À SMITHFIELD ET AU MARCHÉ MÉTROPOLITAIN DE LONDRES.

ANIMAUX.	1698.	1725.	1828.	1839.	1849.	1853.	1858.
	têtes.	têtes.	têtes.	têtes.	têtes.	têtes.	têtes.
Gros bétail (bœufs, vaches, taureaux).....	70,000	73,691	155,714	180,780	236,975	294,571	289,275
Veaux......	200,000	194,732	"	22,500	28,856	36,791	24,972
Moutons....	540,000	555,620	1,412,030	1,360,250	1,417,010	1,518,040	1,460,150
Porcs......	252,000	186,932	"	22,500	27,350	29,593	31,340
TOTAL...	1,062,000	1,010,975		1,586,030	1,710,191	1,878,995	1,805,737

La consommation du porc a diminué dans une très-notable proportion depuis le XVIIe siècle, ainsi que le constate la décroissance des apports faits à Smithfield, qui sont descendus de 252,000 têtes (1698) à 31,000 (1858). Un fait analogue s'est produit pour le veau [1]. Pour le bœuf et le mouton,

[1] La diminution survenue depuis un siècle dans la consommation de la viande du veau et du porc, à Londres, paraît très-réelle, surtout lorsqu'on tient compte de l'accroissement de population qui a eu lieu depuis la même époque. Toutefois, la décroissance n'est pas, à beaucoup près, aussi forte que les chiffres ci-dessus pourraient le faire supposer; car, indépendamment des quantités de ces viandes qui arrivent à Londres tout abattues, on verra par le tableau reproduit plus loin, d'après la *Quatcrly Review*, que les arrivages de porcs vivants à Londres étaient encore évalués, en 1854, à 128,000, et ceux de veaux à 102,000. D'où il résulterait que la majeure partie de ces animaux seraient actuellement expédiés vivants aux bouchers de Londres directement, sans passer sur le marché d'Islington.

au contraire, l'augmentation des arrivages a été très-considérable, puisque le nombre des bœufs était, dans ces dernières années, quadruple de celui de 1725; l'accroissement du nombre des moutons a suivi la même progression; mais cette extension, si importante qu'elle soit, ne donne qu'une faible idée de l'augmentation qui s'est produite dans la quantité de viandes de bœuf et de mouton consommées à Londres, parce qu'il y a lieu de tenir compte des arrivages de viande abattue qui ont pris un très-grand développement depuis trente ans.

Importance des affaires traitées au marché aux bestiaux de Londres.

L'importance moyenne des affaires qui se traitent annuellement au marché aux bestiaux de Londres a été évaluée de la manière suivante, dans l'enquête parlementaire qui a précédé le déplacement de Smithfield.

ANIMAUX.	NOMBRE.	PRIX MOYEN.				PRODUIT TOTAL DES VENTES.	
	têtes.	l.	sh.	d.	fr. c.	liv.	fr.
Gros bétail....	236,975	17	5	0	431 25	4,082,801	102,195,469
Moutons......	1,417,010	1	16	6	45 60	2,586,142	64,615,356
Veaux........	28,856	3	17	6	96 85	111,828	2,795,703
Porcs........	27,350	1	15	0	43 75	47,862	1,196,562
TOTAL....................						6,828,633	170,803,090

D'après cette évaluation, la valeur totale des ventes faites au marché s'élèverait à 171 millions de francs. Une autre déclaration faite dans la même enquête portait ce chiffre à 7,251,375 livres sterling, ou 181,284,000 francs. La différence entre ces deux estimations n'est pas très-importante. Mais, depuis que ces indications ont été fournies, les prix se sont élevés, les arrivages ont augmenté, et je crois pouvoir affirmer qu'aujourd'hui le chiffre des affaires annuellement traitées au marché métropolitain atteint 250 millions de francs au moins. Les prix indiqués pour chaque espèce de bétail dans le tableau ci-dessus sont des prix moyens qui ne s'appliquent qu'aux animaux de qualité ordinaire. Pour les bêtes de poids ou de qualités supérieurs, les prix sont beaucoup plus élevés; ainsi j'ai vu vendre au marché d'Islington plusieurs bœufs écossais, race d'Aberdeen, 30 et 40 livres sterling, soit 750 et 1,000 francs.

Provenances des bestiaux et mode de transport.

Les principaux centres d'approvisionnement du marché métropolitain de Londres sont : les comtés de Leicester, de Northampton, de Norfolk, de Suffolk, l'Écosse; et parmi les pays étrangers, la Hollande, le Danemark, les villes anséatiques et la Belgique.

Le tableau suivant, extrait d'un article de la Revue trimestrielle (*Quaterly Review*), déjà cité, fait connaître, pour l'année 1853, la répartition des arrivages de bestiaux à Londres entre les diverses voies de terre ou de mer. Les chiffres indiqués dans ce tableau sont notablement supérieurs aux relevés officiels du marché métropolitain d'Islington. Cette différence peut tenir à deux causes : en premier lieu, à ce qu'un certain nombre de bestiaux ne passent pas par le marché central, ainsi que j'en ai déjà fait l'observation pour le veau et le porc; et en second lieu, à ce qu'une partie des bestiaux amenés à Londres est réexpédiée au dehors.

PROVENANCES.	BOEUFS.	MOUTONS.	VEAUX.	PORCS.	TOTAL.
Chemins de fer des comtés de l'Est (*Eastern Counties*)	81,744	277,735	3,492	23,427	386,398
Idem du Nord-Ouest (*North Western*)	70,435	248,445	5,113	24,287	348,280
Idem du Nord (*Great-Northern*)	15,439	120,333	563	8,973	145,308
Idem de l'Ouest (*Great-Western*)	6,813	104,607	2,320	2,909	116,649
Idem du Sud-Ouest (*South Western*)	4,885	100,960	1,781	516	108,142
Idem du Sud-Est (*South Eastern*)	875	58,320	114	142	59,451
Idem de Brighton	863	13,690	117	54	14,724
Par mer, du nord d'Angleterre et d'Écosse	14,662	11,141	421	3,672	29,896
Par mer, d'Irlande	2,311	3,472	21	5,476	11,280
Importations de pays étrangers	55,065	229,918	25,720	10,131	320,834
Arrivages par les routes de terre	69,096	462,172	62,114	48,265	641,647
TOTAUX	322,188	1,630,793	101,776	127,852	2,182,609

D'après l'importance des apports par chemins de fer que révèlent les relevés ci-dessus, on comprend l'intérêt qu'il y avait pour le commerce à ce que le nouveau marché aux bestiaux se trouvât placé à proximité des gares des trois principales lignes de l'est, du nord-ouest et du nord

Quant aux importations de l'étranger indiquées dans le tableau qui précède, elles se répartissaient ainsi entre les divers pays de provenance :

PROVENANCES.	BŒUFS.	MOUTONS.	VEAUX.	PORCS.	TOTAL.
Hollande................	40,538	172,730	24,280	9,370	246,918
Danemark...............	9,487	7,515	60	"	17,062
Villes anséatiques.........	4,366	37,443	1	632	42,442
Belgique................	449	12,006	1,224	"	13,699
France..................	105	224	135	129	593
Portugal................	100	"	"	"	100
Espagne...............	17	"	"	"	17
Russie..................	3	"	"	"	3
TOTAUX...	55,065	229,918	25,720	10,131	320,834

Il y a lieu de faire remarquer que les chiffres ci-dessus sont le résultat d'évaluations et n'ont pas de caractère officiel. L'administration anglaise a publié, depuis 1857 seulement, les détails des importations spéciales applicables au port de Londres. En voici les résultats pour les deux années 1857-1858 :

	1857.	1858.
Gros bétail...........	41,638	42,061
Moutons.............	161,543	173,977

Ces chiffres sont notablement inférieurs à ceux du tableau qui précède; mais l'année 1853, à laquelle ces derniers se rapportent, présentait un mouvement général d'importation de bétail étranger en Angleterre, plus considérable que celui des années 1857 et 1858. Ainsi, le nombre total de têtes entrées en Angleterre en 1853 était de 384,672 (56,220 bœufs et taureaux, — 59,033 vaches et veaux, — 259,420 moutons et agneaux), tandis qu'il a été dit plus haut que les importations de bétail n'étaient, en 1851, que de 287,048 pour tout le Royaume-Uni.

Usages commerciaux du marché aux bestiaux. — Intermédiaires.

On trouve dans le rapport de la commission de la Chambre des communes de 1856 les renseignements suivants sur la manière dont se traitent les affaires au marché aux bestiaux de Londres :

« Les affaires, sur le marché, sont à peu près exclusivement concentrées aux mains de *salesmen* (commissionnaires), dont le nombre est d'environ 300. Les éleveurs (*graziers*) se rendent rarement au marché, soit parce qu'ils trouvent ce déplacement incommode, soit parce qu'ils obtiennent de meilleurs prix pour leur bétail, en le consignant à des *salesmen* connaissant les bouchers qui fréquentent le marché et pouvant apprécier les différentes espèces d'animaux qui leur conviennent en raison de leur clientèle habituelle. Le bétail est remis, la veille du jour du marché, au commissionnaire qui l'examine et évalue le prix auquel il pourra être vendu. »

Ventes au comptant.

« Le bétail est conduit du chemin de fer, de l'étable, ou du dépôt (*warf*) jusqu'au marché par les *drovers* des commissionnaires; puis, il est vendu sur le marché à un boucher et ensuite emmené par le conducteur (*drover*) choisi par ce boucher. Celui-ci paye immédiatement le prix de son achat, en donnant au commissionnaire un *cheque* sur un banquier; aussitôt après le marché, le *salesman* se rend chez le banquier, lui remet le compte de ses ventes, et le banquier, ou bien fait parvenir l'argent à l'éleveur, le soir même par la poste, ou bien le lendemain matin passe la somme au crédit de l'éleveur chez un autre banquier. Des banquiers spéciaux, au nombre de sept, ont leurs bureaux à Smithfield (actuellement au *Metropolitan market*), et ne s'occupent que des affaires qui se traitent au marché même.

Mode de payement.

« La moyenne des sommes qui passent entre les mains d'un des plus importants de ces banquiers est évaluée à 35,000 ou 40,000 livres sterling (875,000 à un million de francs) pour chaque marché du lundi. Toutes les transactions se font au comptant, mais le banquier quelquefois oblige (*accomodates*) le boucher, en lui accordant crédit d'un marché à l'autre et avance à l'éleveur le montant de la vente. »

Les banquiers prélèvent en moyenne, pour leur commission, par tête de gros bétail, 8 deniers (83 centimes), par veau 4 deniers (41 cent. 5), par 20 moutons 1 shill. 8 den. (2 fr. 08 cent.).

Le déplacement du marché n'a rien changé aux habitudes qui viennent d'être indiquées et qui se sont conservées sur le *Metropolitan market* comme elles existaient autrefois à Smithfield.

Les *salesmen* qui exercent sur le marché aux bestiaux ne sont d'ailleurs soumis à aucune obligation ni formalité, ne prêtent pas de serment, sont en un mot entièrement libres, et ne rendent compte qu'à leurs mandataires.

Commission des intermédiaires.

Le *salesman* perçoit par tête de gros bétail une commission généralement fixée à 4 shill. 6 den. (5 fr. 63 cent.), sur lesquels il y a à faire les déductions suivantes, pour les frais à sa charge.

Le *salesman* doit en effet payer :

1° Au banquier qui reçoit l'argent du boucher....	0^sh	8^d	0^f	84^c
2° Droits de la ville (*city tolls*)..............	0	4	0	41
3° Au conducteur (*drover* ou *foreman*) employé par le commissionnaire pour amener les bestiaux aux préaux (*rails*)......................	0	6	0	63
En retranchant cette somme de..............	1	6	1	88
De la commission totale, ci.................	4	6	5	63
Il reste net, pour le commissionnaire....	3	0	3	75

Prix du bétail sur pied.

Les animaux sur pied sont ordinairement vendus d'après le poids approximatif de la viande qu'ils contiennent; les *salesmen* et les bouchers savent apprécier à la seule inspection le rendement probable de chaque animal. On estime que le poids moyen en viande des bœufs vendus au *Metropolitan market* est de 80 à 100 stones de 8 livres chacune, soit 640 à 800 livres anglaises ou 288 à 360 kilogrammes.

Il résulte des renseignements qui m'ont été fournis par des *salesmen* et de gros bouchers, que le rendement d'un bœuf anglais serait moyennement de 66 de viande pour 100 kilogrammes de poids vif. Les abats et issues pourraient donc être évalués à la moitié environ du poids ci-dessus, soit 320 à 400 livres ou 144 à 180 kilogrammes. Le poids vif total varierait ainsi de 960 livres ou 432 kilogrammes à 1,200 livres ou 540 kilogrammes.

Voici quels étaient, à l'époque où j'ai visité le *Metropolitan market* (21 novembre 1859), les prix moyens de la viande sur pied :

	1re QUALITÉ. — Prix moyen		2e QUALITÉ. — Prix moyen	
	du stone [1].	du kilog.	du stone.	du kilog.
Bœuf	4sh 11d —	1f 70c	4sh 4d —	1f 50c
Mouton	5 0 —	1 73	4 0 —	1 39
Veau	4 10 —	1 67	4 4 —	1 50
Porc	4 6 —	1 56	3 10 —	1 32

Tous les animaux vendus au *Metropolitan market* sont achetés ordinairement par des bouchers en gros ou *carcase butchers*. Ces derniers revendent aux détaillants la viande par quartiers. Ces ventes se font tous les jours, excepté le dimanche, aux marchés de Newgate et de Leadenhall.

Avant de m'occuper de ces deux marchés, je crois devoir donner quelques détails sur l'organisation des abattoirs de Londres.

ABATTOIRS.

Les lois générales du Royaume-Uni ne contiennent aucune disposition restrictive, en ce qui concerne l'établissement ou l'exploitation des abattoirs ou

(1) 1 stone de viande, 8 livres anglaises (3 kilogrammes 624 grammes).

tueries (*slaughter houses*). Il suffit que celui qui occupe les locaux affectés à cette destination ne se rende coupable d'aucun acte susceptible d'être poursuivi en vertu des lois de salubrité (*laws of nuisance*); mais des lois spéciales ont assujetti à des règles particulières les abattoirs ou tueries construits dans le ressort de la police métropolitaine.

Lois relatives aux abattoirs et tueries particulières à Londres. — Règlements concernant ces établissements.

Ces lois sont, pour la Cité proprement dite, le *City of London sewers act* 1848 (11 et 12, Victoria, c. 148) et le *City of London sewers act* 1851 (14 et 15, Victoria, c. 91), et pour les districts situés en dehors de la Cité, et dans le ressort de la police métropolitaine, le *Metropolitan market act* 1851 (14 et 15, Victoria, c. 61). Ces différents actes ont été confirmés par le *Metropolitan market act* 1857 (20 et 21, Victoria, c. 135). En vertu de ces règlements, les abattoirs établis à Londres sont soumis à une autorisation délivrée, pour la Cité, par la commission de la voirie (*commissionners of sewers*), et dans les autres districts, par les juges de paix.

Le statut de 1851, relatif à la salubrité de la Cité de Londres, a interdit d'une manière absolue l'établissement et le maintien des abattoirs dans des celliers, caves ou sous-sols. Tous ceux qui étaient placés dans ces conditions ont été supprimés, et les nouveaux établissements ne peuvent être créés que dans des locaux qui ne soient pas à plus de dix-huit pouces anglais (45 centimètres) au-dessous du niveau du sol.

Indépendamment de cette condition générale, la commission de la voirie (*commissionners of sewers*) a prescrit, pour la création ou la tenue des abattoirs, dans l'intérieur de la Cité, des dispositions générales, dont voici les principales :

Les abattoirs doivent être pavés en asphalte ou en pierre de taille, approvisionnés d'eau en quantité suffisante, drainés à l'aide de tuyaux qui communiquent avec les égouts de la ville; en un mot, toutes les dispositions intérieures doivent être prises pour que ces établissements soient maintenus constamment en état de propreté et de salubrité. Il est, en outre, défendu d'établir dans l'intérieur des abattoirs des citernes pour le sang (*cesspools for blood*) ou autres débris; le sang, la graisse, les peaux et issues de tous les animaux abattus dans la journée doivent être enlevés dans la soirée, avant minuit; et pour les animaux abattus dans la nuit, l'enlèvement des abats doit se faire avant six heures du matin. Les abattoirs doivent être pourvus de locaux spécialement destinés à recevoir les animaux avant l'abatage. Ces animaux ne peuvent y séjourner plus de douze heures.

Contraventions.

Les infractions aux diverses dispositions et règlements relatifs aux abattoirs sont punies d'amendes qui s'élèvent, dans la plupart des cas, à

5 livres sterling (125 francs). Outre ces peines, les juges de police ont le droit d'interdire, pendant deux mois, l'abatage du bétail dans les tueries appartenant aux propriétaires qui ont contrevenu aux règlements, et, en cas de récidive, cette interdiction peut être absolue et définitive.

Un inspecteur spécial, nommé par la commission de la voirie (*commissionners of sewers*), exerce une surveillance générale sur les abattoirs de la Cité. Ce fonctionnaire a le droit de pénétrer à toute heure de jour et de nuit dans ces établissements, pour s'assurer qu'ils sont convenablement tenus. Il peut saisir et faire détruire les animaux ou viandes considérés comme impropres à l'alimentation. Dans ce cas, des amendes de 5 livres (125 francs) peuvent, en outre, être infligées aux délinquants. Inspection.

Toutes ces dispositions ne s'appliquent qu'aux abattoirs et tueries situés dans la Cité de Londres. Pour ceux des districts métropolitains, les conditions sont moins rigoureuses; cependant les juges de paix ou des petites sessions peuvent subordonner leur autorisation pour les nouveaux établissements à des précautions spéciales, prescrites dans un but d'hygiène et de salubrité : c'est ainsi que la création de tueries dans des caves ou celliers est généralement interdite. Les concessions ou les refus d'autorisation émanés des juges des petites sessions (*justices of petty sessions*) peuvent être attaqués devant les juges des sessions générales et trimestrielles (*justices at general or quarter sessions*) par les personnes intéressées.

Nombre des abattoirs.

Antérieurement à la mise à exécution de la loi de 1851 (*City of London sewers act*), le nombre des tueries particulières existant à Londres, dans l'intérieur de la Cité, était de 148, parmi lesquelles 61 étaient situées dans des caves ou celliers et 87 de plain-pied avec le sol. La plus grande partie de ces tueries était concentrée autour des marchés de Smithfield, de Newgate et de Leadenhall; il y en avait beaucoup aussi dans une rue appelée *White-Chapel street*, située à l'extrémité de la Cité; mais ces derniers abattoirs étaient et sont encore affectés spécialement à l'abatage des animaux destinés à l'alimentation de la population israélite, très-nombreuse dans ce quartier.

Depuis 1851, toutes les tueries placées dans des sous-sols ont été supprimées, et l'on ne compte plus dans la Cité que 66 abattoirs, tous régulièrement autorisés. Un grand nombre de ceux qui existaient autrefois près de *Smithfield* et *Leadenhall markets* ont été fermés; mais on a conservé ceux de Newgate et de White-Chapel, et ce sont les deux centres principaux où sont réunis les établissements actuels. En dehors de ces tueries particulières, la corporation de la Cité de Londres a, comme il a été dit plus haut, établi, près du marché métropolitain d'Islington, 8 abattoirs publics pour les bœufs et 4 abattoirs pour les moutons.

Quant aux tueries situées en dehors de la Cité, dans les districts métropolitains, il ne m'a pas été possible d'en connaître l'importance exacte; mais il paraîtrait, d'après les renseignements un peu vagues qui m'ont été donnés, qu'elles ne seraient pas très-nombreuses.

Mode d'exploitation.

Les tueries appartenant aux particuliers sont exploitées de diverses manières : les unes sont la propriété des bouchers qui y abattent exclusivement pour leur propre compte; les autres sont mises à la disposition du public, et chacun peut y faire abattre moyennant le prix réglé par le propriétaire. Dans quelques autres, enfin, les deux modes sont réunis et le propriétaire abat pour son propre compte et pour celui des autres. Les abattoirs de la corporation municipale à Islington sont l'objet de combinaisons analogues : les uns sont loués à l'année à des particuliers qui y abattent pour leur compte; les autres sont entièrement publics, et l'on y abat moyennant un prix réglé par tête de bétail.

Mode d'abatage.

L'abatage des bœufs à Londres ne se fait pas de la même manière qu'à Paris; au lieu d'étourdir l'animal et de le saigner immédiatement, les bouchers anglais le frappent avec un petit marteau dont la forme ressemble assez à celle d'un emporte-pièce, ils lui font ainsi au front une ouverture assez profonde, dans laquelle ils font entrer aussitôt une baguette flexible de $0^m,70$ à $0^m,80$ qu'ils plongent dans le corps de l'animal. Celui-ci s'agite dans des convulsions assez violentes, mais qui n'ont qu'une très-courte durée, car la mort est très-rapide.

Lorsque la vie a entièrement cessé, ils saignent l'animal et recueillent le sang avec beaucoup de soin, ainsi qu'il sera expliqué plus loin.

Quant aux moutons, il n'existe aucune méthode particulière d'abatage, on les saigne comme en France.

Nombre d'animaux abattus.

Le nombre des animaux abattus varie beaucoup avec les divers établissements; dans les plus importants, on évalue à 200 bœufs et à 2,500 moutons la moyenne des abatages hebdomadaires.

Dans les tueries où l'on abat pour le compte des tiers, le prix est généralement fixé à 3 shillings (3 fr. 75 cent.) pour les bœufs, et à 1 shilling (1 fr. 25 cent.) pour les moutons et pour les porcs. En outre de ce prix, l'abatteur conserve tout le sang et une partie des entrailles. La tête, la peau et les autres abats appartiennent au boucher.

Le sang provenant des bœufs a une assez grande valeur; on le recueille avec beaucoup de précautions dans de larges bassins, et on le vend à des industriels qui commencent par en extraire l'albumine, puis emploient les résidus à la fabrication d'engrais artificiels. Cette double industrie, que l'Angleterre nous a du reste empruntée, a pris une grande extension depuis quelques années et a fait augmenter beaucoup le prix du sang dans les abattoirs. Ainsi, en 1849, un propriétaire d'une des tueries les plus importantes de Londres déclarait que, pour 150 bœufs abattus par semaine dans son établissement, la vente du sang lui produisait environ une livre (25 francs), c'était moins de 20 centimes par saignée; actuellement, on estime à 8 deniers (83 centimes) environ la valeur moyenne du sang provenant de chaque bœuf.

Calcul du rendement d'un bœuf en viande, abats et issues.

D'après les renseignements que j'ai recueillis des bouchers dans les abattoirs que j'ai visités, je crois qu'on peut approximativement établir, de la manière suivante, le débit d'un bœuf de bonne qualité ordinaire; je mets en regard des poids des différents produits les prix correspondants qui m'ont été indiqués.

Bœuf ayant un poids en viande nette de 80 stones de 8 livres; soit	640^{l}	288^{k}
A ce poids, il y a lieu d'ajouter le poids des abats et issues, évalué à la moitié de la viande nette; soit	320	144
Total	960	432

(On suppose que l'animal produit deux tiers de son poids en viande, et un tiers en abats et issues.)

Le prix de l'animal sur pied était évalué, pour une bonne qualité moyenne, à 5 shillings par stone (8 livres) de viande nette, soit 1 fr. 75 cent. par kilogramme, ce qui donne par animal....................	400sh	500f 00c
A ce prix, il y a lieu d'ajouter le prix de l'abatage, qui est de......................	3	3 75
Et divers autres frais, tels que garde, nourriture, conduite à l'abattoir, etc...........	2	2 50
Le boucher qui fait abattre débourse........	405	506 25

Il retire en produits:

Viande. La viande en quartiers se vendait au prix moyen de 6 den. par livre; soit, pour l'animal.	640l	288k	320sh 0d	400f 00c
Issues (peau, cornes), 15 stones à 4 deniers la livre (90 cent. le kilogramme)...........	120	54	40 0	50 00
Graisse, à 6 deniers la livre (1 fr. 39 cent. le kilogramme)....	80	36	40 0	50 00
Langue, tête, cœur, intestins et autres issues.............	50	22,50	14 0	17 50
			414 0	517 50
Autres produits attribués à l'abatteur, et qui ne profitent pas au boucher, sang et débris divers...............	70	31,50		
	960	432,00		

Bénéfice des bouchers en gros. — Bœuf.

D'après le compte qui précède, le bénéfice net des bouchers en gros (*carcase butchers*), qui font tuer les animaux et revendent la viande par quartier, serait de 9 shillings (11 fr. 25 cent.) par bœuf abattu. Ce résultat, du reste, est tout à fait conforme aux indications générales qui m'ont été fournies, d'un autre côté, par des commissionnaires aux bestiaux du marché métropolitain. Le produit de 9 shillings (11 fr. 25 cent.) ne laisse pas que d'être important; car, si l'on considère que chacun de ces bouchers en gros tue par semaine 50 à 100 bœufs, on voit que le profit de 9 shillings par tête représente pour lui un total de 23,500 à 47,000 shillings, soit 30,000 à 60,000 francs pour l'année entière.

Pour le mouton, le compte de débit et d'abatage s'établit de la manière suivante : Mouton.

Prix du mouton sur pied, 82 livres de viande nette (36k,90) à 5 shillings par stone de 8 livres......	51sh	3d	63f	75c
Abatage...........................	1	0	1	25
Frais divers.......................	0	6	0	65
	52	9	65	65

Produits perçus par le boucher en gros :

Viande vendue par quartiers à un prix moyen de 6 deniers 1/2 la livre (36k,90 ou 82 livres)....	44sh	5d	55f	50c
Peau avec la laine..................	6	6	8	10
Sans la laine, la peau de mouton se vend seulement 8 deniers (83 centimes).				
Tête............................	0	9	0	90
Cœur...........................	1	3	1	50
Graisse (6 livres à 5 deniers la livre).....	2	6	3	10
Sang, boyaux pour instruments de musique, etc.....................	1	2	1	40
	56	7	70	50

D'après ces calculs, le bénéfice net du boucher en gros (*carcase butcher*), qui fait tuer l'animal et revend la viande en masse, serait de 3 shill. 10 deniers (4 fr. 85 cent.) par mouton. Ce bénéfice est proportionnellement supérieur à celui qui est retiré du bœuf; il paraît qu'à Paris les chevillards gagnent également davantage sur les moutons que sur les bœufs.

Les chiffres qui précèdent se rapportent, de même que ceux afférents aux bœufs, à des animaux de bonne qualité ordinaire.

VIANDE.

Accroissement des envois à Londres de viande abattue.

Il s'est opéré depuis vingt-cinq ou trente ans une transformation complète dans le mode d'approvisionnement de Londres en viande de boucherie. Autrefois, la viande abattue au dehors n'arrivait à Londres que dans des proportions assez faibles, et provenait des comtés les plus voisins dans un rayon de 40 à 50 milles (65 à 80 kilomètres). Aujourd'hui, l'Écosse, l'Irlande et les comtés anglais de Norfolk, de Suffolk, Lincoln, York, Northumberland, Durham, envoient chaque jour à la métropole des quantités considérables de viande abattue. La Hollande et les villes anséatiques concourent aussi à cet approvisionnement journalier, qui s'opère avec une merveilleuse régularité. Une partie des arrivages se fait par bateaux à vapeur, mais la plus grande portion s'effectue par chemins de fer. Il n'existe pas de relevés officiels qui permettent de se rendre compte de l'importance exacte de ces envois du dehors; mais on m'a assuré que les seuls chemins de fer du Nord et des comtés de l'Est (*Great Northern* et *Eastern counties railway*), les deux lignes qui en transportent les quantités les plus considérables, en introduisaient chacune 600 à 700 tonnes par semaine pendant la saison d'hiver. Pendant l'été, les arrivages diminuent assez sensiblement, mais dans le mois de décembre, aux environs de Noël, ils s'élèvent, pour chacune des lignes que nous venons de citer, jusqu'à 1,000 tonnes par semaine.

Je crois que, toute compensation faite entre les mois d'été et les mois d'hiver, on peut évaluer de 1,000 à 1,200 tonnes par semaine l'importance moyenne de l'ensemble des apports de viande abattue à Londres. C'est pour l'année entière un total d'environ 55,000 tonnes, représentant 56,000,000 de kilogrammes.

La célérité et l'économie des transports par chemins de fer expliquent du reste l'extension que les envois de la campagne ont prise dans ces dernières années. Il faut moins de vingt heures pour qu'un bœuf expédié d'Aberdeen, en Écosse, arrive à Londres. La distance du trajet est de 530 milles anglais (864 kilomètres). Ainsi, un animal abattu le lundi matin à Aberdeen peut être mis le soir

Rapidité et économie des transports.

au chemin de fer, et rendu le mercredi matin au marché de Newgate. Le prix de transport d'Aberdeen à Londres est d'environ 3 shillings par quintal anglais, soit 7 fr. 50 cent. par quintal métrique, ou 0,07^{c} 5 par kilogramme.

Préférence donnée à la viande expédiée des comtés sur celle provenant des abatages de Londres.

Un fait remarquable, c'est que la population de Londres paraît avoir une préférence assez marquée pour la viande amenée du dehors tout abattue; c'est du moins ce qui résulte de nombreuses déclarations faites dans des enquêtes relatives au déplacement des marchés de Smithfield et de Newgate, par des bouchers, des commissionnaires, des fermiers et les inspecteurs du marché.

Toutes ces déclarations se sont accordées pour reconnaître que la viande abattue provenant de l'extérieur avait une plus belle apparence, qu'elle se conservait mieux et plus longtemps, et qu'elle était plus savoureuse. Aussi, les consommateurs recherchent-ils cette viande, et un commissionnaire déclarait qu'il payerait volontiers un demi-denier par livre (10 centimes environ par kilogramme) de plus pour la viande abattue à la campagne, que pour celle provenant d'animaux tués à Londres même.

Soins pris pour les envois de viande.

Les qualités attribuées à cette viande ont été expliquées par les personnes qui les ont signalées, par le fait que, dans les comtés producteurs, l'animal était abattu tout reposé (*quietly*), tandis qu'à Londres les animaux sont le plus souvent dépréciés, au moment de l'abatage, par les fatigues du transport, et le même animal doit donner, dans le premier cas, une viande meilleure et produire un rendement, en poids, supérieur.

Les producteurs prennent, du reste, toutes les précautions posssibles pour que les viandes qu'ils expédient à Londres soient rendues dans l'état le plus satisfaisant. L'empaquetage se fait avec le plus grand soin. D'Écosse, la viande est expédiée dans des caisses, ou plus ordinairement dans de larges paniers. Du Yorkshire, elle arrive dans des sacs disposés pour contenir chacun un animal entier. Quelques lignes de chemins de fer, celle des comtés de l'Est notamment, fournissent les caisses ou toiles nécessaires à l'emballage des viandes.

Dans les enquêtes dont il a été déjà parlé, on a fait remarquer que les fermiers trouvaient un très-grand avantage à abattre les animaux et à envoyer la viande, parce qu'ils obtenaient un prix un peu supérieur, à cause de l'excès de rendement en viande de l'animal, qu'ils profitaient des débris qui leur fournissent des engrais précieux, et qu'enfin ces envois de viande étaient plus faciles et moins dispendieux que ceux du bétail vivant.

Une fois arrivée à Londres, la viande est transportée de la station du chemin de fer au marché, soit dans les voitures des compagnies, soit dans des voitures appartenant à des entrepreneurs de roulage.

Marchés à la viande.

Les deux marchés spécialement affectés à la vente en gros de la viande sont ceux de Newgate et de Leadenhall.

Newgate.

Newgate, qui est de beaucoup le plus important, est situé au centre même de la Cité, près de l'église de Saint-Paul; il se compose de plusieurs parties dont l'origine est très-différente, quoiqu'elles ne soient séparées de fait par aucune démarcation.

Marché de la corporation municipale.

La partie centrale, et la seule qui ait reçu une institution régulière, est celle sur laquelle la Cité de Londres perçoit des droits de place et de location. Cet emplacement n'appartient pas à la ville; il est la propriété du chapitre de Saint-Paul, qui le loue à la corporation depuis près de deux siècles, moyennant une rente annuelle de 4 livres (100 francs), avec une prime d'une année de loyer à chaque renouvellement. La durée de ces baux est ordinairement de quarante ans, et ils sont indéfiniment renouvelables aux mêmes conditions.

College of physicians.

A côté de ce marché régulier, la spéculation privée a établi spontanément et sans aucune autorisation un autre véritable marché dans les bâtiments d'un ancien collége de médecins (*College of physicians*). Enfin, entre ces deux marchés, se sont groupées un très-grand nombre de boutiques particulières qui forment en quelque sorte les annexes du marché, et dans lesquelles s'opèrent également les ventes en gros et au détail de toutes les viandes.

Superficie et division du marché.

Le nombre total des boutiques qui existent dans tout l'emplacement de Newgate, est évalué à 200, sur lesquelles 49 seulement, ou moins du quart, appartiennent à la corporation municipale et sont louées à son profit. Le reste se compose de boutiques particulières ou de celles situées dans le collége des médecins.

L'emplacement total occupé par Newgate comprend environ 140,506 pieds carrés anglais (12 ares), dont 112,260 affectés au marché proprement dit, et 28,363 aux bâtiments de l'ancien collége des médecins.

Droits de place.

Dans son ensemble, le marché de Newgate qui, il y a quinze ou vingt ans, était suffisant pour les besoins de l'approvisionnement, est aujourd'hui beaucoup trop restreint, et il y a partout encombrement. C'est cette exiguïté qui explique comment la corporation de Londres a laissé s'établir à côté du marché officiel le marché en quelque sorte interlope du collége des médecins. Cette rivalité ne cause aucun préjudice à ses intérêts, car elle loue les étaux du marché qui lui appartient à un prix très-élevé, et qui est allé sans cesse croissant depuis dix ans. Actuellement, la moyenne des prix de location, d'après les renseignements qui m'ont été fournis par l'inspecteur du marché, est de 2 guinées par semaine (2,730 francs par an); mais cette redevance comprend, outre la location proprement dite, les anciennes taxes sur la viande, que la Cité percevait autrefois séparément et qui ont été réunies depuis quelques années par une sorte d'abonnement au droit de place. Ces taxes, lorsqu'elles existaient, étaient fixées à 1 denier (10 centimes), 2 deniers (20 centimes), 6 deniers (65 centimes) par paquet ou panier (*hamper, bundle or pack*) de viande apportée au marché, suivant l'importance de ces paquets. La réunion de ces taxes au droit de place a eu lieu sur les réclamations des commissionnaires, qui se plaignaient des entraves qu'elles apportaient aux opérations du commerce. L'exiguïté du local, eu égard au mouvement des affaires, rendait en effet extrêmement difficile la perception de droits proportionnels aux quantités apportées.

Dépenses et produits du marché de Newgate.

D'après les rapports présentés aux commissions d'enquêtes parlementaires faites en 1849 et 1850, au sujet du déplacement de Smithfield, les recettes et les dépenses auxquelles le marché de Newgate donnait lieu pour la Cité de Londres se résumaient ainsi :

RECETTES.

Produit des rentes et taxes	4,580[l]	5[sh]	1[d]
A retrancher :			
Gages des *beadles* et menues dépenses	167	17	8
Reste	4,412	7	5

DÉPENSES.

Perception des taxes, etc	345	1	8
Remises au receveur	180	18	10
Travaux et réparations	751	11	6
Éclairage	100	4	0
TOTAL	1,377	16	0

BALANCE.

Excédant des recettes sur les dépenses	3,034	11	5
TOTAL ÉGAL	4,412	7	5

Ainsi, les recettes brutes de la ville s'élevaient à 4,412 livres, soit 110,500 francs par an, et les produits nets à 3,034 livres ou 76,000 francs. Actuellement la recette brute du marché est d'environ 120,000 francs, gages et menues dépenses non déduits.

Produits des places du *College of physicians.*

Les redevances payées, dans les bâtiments du *College of physicians*, au propriétaire qui loue les étaux, sont à peu près égales à celles perçues par la Cité dans le marché même. Quelques-uns de ces étaux, occupés par les plus considérables des *salesmen*, ont une importance exceptionnelle et se louent jusqu'à 5 livres par semaine (125 francs, soit 6,500 francs par an).

Personnel attaché à Newgate.

Le personnel du marché de Newgate comprend un receveur (*collector*), qui reçoit des remises sur les perceptions qu'il fait, en sus d'un traitement fixe assez modique : l'ensemble de ses émoluments annuels est d'environ 205 livres sterling (5,125 francs); un constable, dont le salaire est fixé à 2 livres sterling 10 shillings par semaine (62 fr. 50 cent.), et un constable adjoint (*assistant constable*), payé à raison de 1 livre sterling 15 shillings (43 fr. 75 cent.) par semaine.

Le receveur se tient chaque jour sur le marché (le dimanche excepté), de cinq heures du matin à deux heures après midi, et le samedi soir de cinq à onze heures. Le samedi soir, le marché a lieu et présente même une très-grande importance, à raison des approvisionnements qui se font pour le dimanche; un assez grand nombre de petits ménages viennent faire leurs provisions de viande pour la semaine, et portent ensuite, le soir même ou le dimanche matin, les plats qu'ils ont préparés, au boulanger qui en fait la cuisson. Les jours ordinaires la vente en gros est terminée vers onze heures ou midi; mais la vente au détail se prolonge toute la journée.

Le receveur perçoit les droits de location des boutiques, étaux, etc. A la fin de chaque semaine, il remet un compte exact et détaillé de ses recettes au contrôleur de la chambre (*comptroller of the chamber*, contrôleur des finances municipales); il annexe à ce compte un relevé des sommes arriérées et de leur montant. Le mardi de chaque semaine, il verse à la chambre (*in the chamber*, caisse municipale) le montant intégral de ses recettes, après le prélèvement du salaire des deux constables, qu'il remet directement à ces agents. Il est chargé de maintenir la libre circulation et de prévenir tout encombrement, d'empêcherle désordre et les troubles sur le marché et de traduire les auteurs de rixes ou de tumulte devant le magistrat. Il saisit et fait détruire la viande malsaine ou gâtée; il veille à ce que le nettoyage du marché soit accompli régulièrement par les agents du service de la voirie (*sewers*). Aux mois de janvier et de juillet de chaque année, et plus souvent même s'il en est requis, le receveur certifie sous serment l'exactitude de ses comptes. Il donne avis au comité des marchés de toutes les boutiques et places à louer, et met les écriteaux nécessaires; il assure, en un mot, l'exécution de tous les règlements faits ou à intervenir au sujet de la police du marché ou de la perception des droits.

Le constable et le constable adjoint se tiennent sur le marché tous les jours, de quatre heures ou cinq heures du matin, suivant la saison, jusqu'à neuf heures du soir ; ils veillent, sous les ordres du receveur, à la propreté, au bon ordre du marché, et à la salubrité des denrées; ils assistent le receveur dans la perception des droits; ils sont tenus d'avoir leur domicile dans le voisinage du marché.

L'inspecteur des abattoirs, nommé par les commissaires de la salubrité (*commissionners of sewers*), peut, lorsque les besoins du service le réclament, suppléer ou assister le receveur du marché de Newgate dans ses fonctions.

Inconvénients de Newgate. — Difficulté des abords.

A l'intérieur, le marché de Newgate présente un ensemble irrégulier de boutiques et de maisons entremêlées, le tout encombré d'énormes quantités de viandes de toute sorte; les abords en sont, en outre, très-incommodes et presque impraticables. Situé en effet au milieu d'un dédale de rues très-resserrées et de cours étroites, il n'a pour accès que trois passages de pied, dont le principal aboutit à *Newgate street*, et dont la largeur varie de six à seize pieds anglais, et une seule entrée pour les voitures donnant dans *Warwick lane*, et tellement resserrée que deux chariots ordinaires n'y peuvent pas passer de front.

Approvisionnement de Newgate.

Le marché de Newgate n'est pas seulement approvisionné par les viandes abattues expédiées de l'extérieur; il reçoit encore en très-grande quantité la viande des animaux achetés vivants au marché métropolitain et abattus dans les abattoirs ou tueries de Londres.

Importance des arrivages de voitures.

Il résulte des dépositions faites dans les enquêtes officielles, que chaque matin le marché de Newgate est fréquenté par 1,600 bouchers au moins de Londres et des environs, et le nombre des voitures servant à apporter ou à emporter la viande n'est pas évalué à moins de 400, sans compter les petites charrettes à bras qui sont infiniment plus nombreuses. Par suite de la difficulté des abords du marché, la presque totalité de ces voitures sont obligées de stationner dans toutes les rues et places avoisinantes, et leur longue file s'étend tout autour de l'église Saint-Paul jusqu'au milieu de *Newgate street* et dans les rues adjacentes; le chargement et le déchargement des viandes, ne pouvant s'effectuer qu'à une grande distance du marché, entraîne des lenteurs et des embarras très-gênants pour le commerce. Il est facile en outre de comprendre les inconvénients qu'un pareil état de choses présente au point de vue de la circulation et de l'approvisionnement.

Inconvénients au point de vue de la salubrité.

Viandes saisies.

A un autre point de vue, le marché de Newgate a été l'objet de vives critiques dans les enquêtes parlementaires. Le défaut d'air et d'espace, joint à l'accumulation des denrées, rend, paraît-il, dans l'été la conservation des viandes très-difficile. Aussi la proportion des viandes corrompues s'accroît-elle beaucoup pendant cette saison, et dans l'intérieur du marché, l'atmosphère se trouve tellement viciée que plusieurs déposants ont déclaré qu'un séjour trop prolongé dans ce marché pouvait n'être pas sans danger. Ce qui peut augmenter les inconvénients que présente le marché sous ce rapport, c'est qu'indépendamment des viandes vendues dans les étaux, il y a encore, sur l'emplacement même du marché ou derrière les boutiques, des abattoirs particuliers peu aérés et peu spacieux, et dont la présence doit être une nouvelle cause d'insalubrité. Du reste, il a déjà été dit plus haut qu'en été les arrivages de viande abattue du dehors diminuaient très-sensiblement, et cette décroissance a en partie pour cause les imperfections que présente la situation actuelle de Newgate. En temps ordinaire même, la proportion des viandes gâtées à l'ensemble des apports sur le marché est, par le même motif, assez considérable. A l'époque où j'ai visité le marché (fin novembre 1859), l'inspecteur de Newgate me disait que, pendant la semaine précédente, il avait fait détruire 46 quintaux anglais de viandes corrompues (2,322 kilogrammes). Eu égard à la quantité totale des viandes exposées en vente au marché pendant la semaine, ce chiffre représentait environ 2 p. o/o.

La corporation de la Cité de Londres, reconnaissant toute l'insuffisance actuelle du marché de Newgate, a pris l'initiative d'en proposer le déplacement; et la Chambre des communes a été saisie d'un projet tendant à supprimer ce marché pour le reporter dans l'emplacement occupé précédemment par le marché aux bestiaux de Smithfield.

Projet de déplacement de Newgate.

Le marché de Newgate, du reste, en dépit de tous les inconvénients qu'il présente, a vu son importance s'accroître constamment par suite de la tendance déjà signalée du commerce anglais de concentrer de plus en plus ses opérations sur un seul point. On considère que l'existence d'un marché unique est avantageuse à la fois pour le consommateur qui trouve en plus grande abondance les morceaux dont il a besoin, et pour l'expéditeur auquel l'affluence des acheteurs donne plus de chances de vendre la viande à un prix convenable.

Importance croissante de Newgate.

Le fait de la décroissance de tous les marchés à la viande autres que celui de Newgate a, d'ailleurs, été constaté dans toutes les enquêtes parlementaires.

Leadenhall market, également situé dans la Cité, et qui appartient à la corporation municipale, reste encore le second par ordre d'importance; mais, de l'aveu même de l'inspecteur, les quantités de viande qui y sont apportées ont beaucoup diminué depuis

Leadenhall market.

dix ans, et ce marché tend, de son côté, à centraliser la vente du gibier et de la volaille; aussi m'en occuperai-je avec plus de détail dans la section consacrée à ces différents articles.

White-Chapel.

White-Chapel qui est un centre assez important aussi pour le débit de la viande n'est pas un marché proprement dit : c'est une rue ordinaire dans laquelle se sont groupés un très-grand nombre d'étaux de boucherie auxquels sont généralement annexées des tueries particulières; mais, ainsi que j'ai déjà eu l'occasion de le dire, une portion de la viande abattue dans cet endroit est spécialement destinée à la consommation de la population israélite. Cette viande, qui provient d'animaux tués conformément aux rites du culte juif, est marquée de signes distinctifs. Le surplus de la viande abattue à *White-Chapel* est, pour la majeure partie, envoyée à *Newgate market* pour y être vendue en gros.

Marchés secondaires.

On avait essayé, en outre, de créer à Londres, des marchés en gros à la viande à *Clare market* et à *Newport market*, mais ils sont graduellement devenus de simples marchés de détail. Il en est de même de *Portland* et *Oxford markets*.

Salesmen.

Toute la viande amenée au marché de Newgate est remise entre les mains des *salesmen*, qui sont chargés de la vente pour le compte des expéditeurs de Londres ou du dehors. Le nombre de ces commissionnaires s'est accru successivement à mesure que les envois de viande abattue ont pris plus d'extension; il y a une cinquantaine d'années on ne comptait que treize *salesmen*, aujourd'hui il y en a près de deux cents, et malgré cet accroissement du nombre, la multiplicité des affaires est telle, que la plupart de ces intermédiaires réalisent des profits considérables et ont généralement beaucoup de consistance : la commission prélevée par les facteurs est ordinairement de 1 denier par stone de 8 livres (0, 02c 8 par kilogramme).

Ventes faites au comptant.

Aussitôt les ventes effectuées, les *salesmen* remettent directement ou font parvenir l'argent provenant de ces ventes à leurs commettants au moyen des *checks* dont j'ai déjà parlé. Il résulte de cet usage que les ventes en gros faites au marché de Newgate ont presque toujours lieu au comptant. Cependant, les *salesmen* font quelquefois crédit pour une semaine aux bouchers qu'ils connaissent; mais lorsque, après ce délai d'une semaine, le payement n'est pas effectué, le crédit est supprimé.

Association des *salesmen*.

Les commissionnaires à la viande qui exercent sur le marché de Newgate sont entièrement libres et ne sont assujettis à aucune condition ni formalité. Ils forment entre eux une association importante analogue à celles dont j'ai déjà parlé, et qui est désignée sous le nom de *deadmeat or Newgate salesmen's association.*

En 1856, cette association, composée non-seulement de commissionnaires, mais encore de bouchers en gros (*carcase butchers*), comprenait 62 membres; mais à cette époque, elle ne comptait guère qu'une année d'existence et le nombre des sociétaires est aujourd'hui beaucoup plus considérable. Le but principal de cette association paraît être d'exercer une sorte de contrôle général sur les opérations qui ont lieu sur le marché, de prévenir ou de résoudre les difficultés qui peuvent s'élever dans les rapports des intermédiaires avec leurs commettants et de poursuivre toutes les irrégularités et les fraudes qui pourraient se commettre dans les transactions commerciales. L'association surveille en outre la conduite des porteurs attachés au marché et qui ne sont pas, comme les *drovers* du marché métropolitain, nommés par la corporation municipale de Londres.

Bouchers de Londres.

Le nombre des bouchers de Londres et des environs est évalué à 3,500, parmi lesquels on distingue diverses catégories.

Diverses classes.

1° Les bouchers en gros (*carcase butchers*), qui achètent des animaux sur pied, les font abattre et vendent la viande soit en gros, soit au détail au marché ou en dehors. Ces bouchers fournissent généralement d'autres bouchers;

2° Les bouchers en demi-gros (*dealers butchers*) qui achètent à Newgate des quartiers entiers d'animaux dont ils revendent ensuite tout ou partie à des confrères;

3° Les bouchers de détail (*retail butchers*) qui vendent au détail aux consommateurs la viande achetée soit aux marchés, soit à des confrères;

4° Dans les trois catégories qui précèdent ne figurent pas les charcutiers (*pork butchers*), dont le commerce, au reste, ne s'applique pas d'une manière exclusive au porc, mais comprend aussi une plus ou moins grande quantité de viande de boucherie cuite ou crue. On en compte environ 300 à Londres.

Modes de vente et d'achat des bouchers.

Il n'existe pas entre ces diverses catégories de lignes de démarcation bien nettes. Ainsi les bouchers en gros et en demi-gros vendent souvent au détail, et les petits bouchers achètent quelquefois des moutons et des porcs tout entiers. Les bouchers changent d'ailleurs leur mode d'opérer suivant les circonstances et les saisons. En été, où la viande se conserve moins facilement, ils achètent plus de bétail sur pied pour pouvoir abattre au fur et à mesure des besoins. Une certaine partie des bouchers se dirige aussi, pour donner la préférence aux achats de bétail sur pied ou à ceux de viande abattue, d'après la comparaison des cours du marché métropolitain avec ceux de Newgate. Lorsque le marché au bétail était à Smithfield, ils commençaient par visiter ce marché avant d'aller à Newgate ou à Leadenhall et se rendaient compte des prix relativement les plus avantageux pour eux. Depuis le déplacement de Smithfield, pour obvier aux inconvénients que présentait la distance entre le marché au bétail et celui à la viande, on a placé un télégraphe électrique qui établit une correspondance directe et en quelque sorte instantanée entre les deux centres commerciaux et permet encore aux bouchers, les jours de marchés aux bestiaux, d'apprécier le mode d'achat le plus profitable à leurs intérêts.

Quant aux bouchers qui vendent exclusivement au détail, ils ont à se préoccuper, dans les achats qu'ils font, de satisfaire autant que possible aux goûts de leur clientèle, et s'approvisionnent de préférence de pièces de choix ou de morceaux inférieurs, suivant qu'ils sont établis dans des quartiers riches ou populeux. Ces bouchers d'ailleurs font leurs achats soit au marché, soit de seconde main chez des confrères.

Particularités.

Mais parmi les bouchers au détail qui fréquentent habituellement Newgate, il est une classe des plus modestes qui présente un caractère tout particulier. Ces bouchers, d'après la déclaration d'un des *salesmen* de Newgate, font le commerce avec un capital extrêmement faible, tellement faible que, lorsqu'ils viennent faire leurs achats le matin à Newgate, ils ne peuvent pas enlever la totalité de ces marchandises, faute d'argent; ils en emportent une portion seulement, retournent à leurs boutiques, réalisent de nouveau leur capital, grâce aux ventes qu'ils font à la classe la plus pauvre de la métropole, reviennent au marché, retirent (*redeem*) la portion de leurs achats qu'ils avaient en quelque sorte laissée en dépôt le matin, et ils regagnent de nouveau leurs boutiques pour continuer à servir leurs pratiques. Ces bouchers, ajoutait le *salesman*, ont un grand intérêt pour nous et méritent grande considération. Ils forment une des classes les plus industrieuses et les plus laborieuses de la population; la plupart d'entre eux, ne pouvant pas avoir de chevaux ni de voitures, emportent la viande sur leurs épaules; ils achètent ordinairement de bonne viande, mais ne prennent que de bas morceaux qui leur sont vendus à un prix très-modéré.

Liberté du commerce de la boucherie.

Le commerce de la boucherie est entièrement libre à Londres. Si l'on en croit les dépositions faites dans les enquêtes parlementaires, la concurrence serait très-sérieuse entre ces industriels, et un commissionnaire déclarait, en 1849, qu'il n'y avait pas de manœuvres que les bouchers n'employassent pour s'enlever réciproquement leur clientèle, et que les tours (*tricks*) qu'ils se jouaient dans ce but éloignaient toute idée de coalition ou d'entente entre eux.

Association de bouchers.

Ainsi la liberté absolue qui règne dans ce commerce provoque une rivalité profitable aux consommateurs; d'un autre côté, les bouchers forment entre eux une association qui paraît avoir un but principalement charitable : dès 1849, cette institution, qui porte le titre de *Butchers' charitable institution*, comprenait déjà 1,100 souscripteurs, et elle distribuait chaque année, à titre de secours, à d'anciens maîtres ou garçons bouchers, à leurs veuves ou leurs enfants, environ 1,100 livres sterling par an (28,000 francs). Elle avait, en outre, dans les environs de Londres des hospices ou maisons de refuge pour les infirmes (*alms houses*). Depuis lors, les ressources se sont beaucoup accrues.

Diverses catégories d'acheteurs à Newgate.

Les bouchers en gros et au détail ne sont pas les seules personnes qui fréquentent les marchés de Newgate, et bien qu'il n'y ait aucune disposition qui règle les heures auxquelles les différentes catégories d'acheteurs peuvent se présenter, il arrive en fait qu'une fois les affaires de ces commerçants terminées, ils sont remplacés sur le marché d'abord par les maîtres de restaurants, d'hôtels ou de cafés (*dining rooms, hotels and coffee-houses keepers*), auxquels succèdent plus tard les ménagères et de petits consommateurs appartenant à la classe la moins aisée.

Les maîtres de restaurants font aux marchés en gros leurs approvisionnements ordinaires et s'y rendent soit tous les jours ou seulement deux ou trois fois par semaine, suivant la saison ou l'importance de leur débit; quelques-uns font des achats aussi considérables que les bouchers. La fréquentation des marchés en gros permet aux maîtres de restaurants de fournir la viande à leurs pratiques aux plus bas prix possibles. Cette clientèle a aussi pour les *salesmen* un assez grand avantage; comme elle ne se présente que lorsque les bouchers ont terminé leurs achats, elle facilite l'enlèvement des denrées, et lorsque les apports sur le marché sont considérables et que les commissionnaires prévoient qu'il doit en être de même les jours suivants, ils préfèrent vendre à prix réduit aux restaurateurs plutôt que de se laisser encombrer par la marchandise, leur intérêt étant d'écouler la denrée dans le plus court délai possible; aussi un *salesman* disait-il que cette classe d'acheteurs était devenue importante soit pour aider à nettoyer le marché (*clean*), soit pour pourvoir aux besoins publics aux meilleures conditions possible.

La classe pauvre fournit encore aux marchés de Newgate des habitués très-nombreux qui y viennent faire chaque jour des achats considérables pour leur propre consommation. Ils peuvent se procurer à Newgate la viande à un prix très-inférieur, et pour profiter de cette économie, que l'on évalue de 1 à 5 shillings (1 fr. 25 cent. à 6 fr. 25 cent.) par semaine, suivant l'importance des ménages, ces petits consommateurs font un ou deux milles à pied; la majeure partie se compose de femmes qui emportent la viande qu'elles achètent.

Tout ce qui vient d'être dit sur la vente de la viande à Londres montre combien sont complexes et variées les combinaisons auxquelles ce commerce donne lieu. Tantôt le bétail est envoyé vivant, et alors il passe entre les mains d'un des commissionnaires du marché métropolitain, puis est acheté par un boucher en gros qui l'abat, vend directement une partie de la viande et envoie le reste à Newgate ou, plus rarement, à Leadenhall, et là elle peut passer encore entre les mains de deux, ou plusieurs intermédiaires, le commissionnaire et le petit boucher. Tantôt, la viande arrive tout abattue au marché, et dans ce cas, elle peut encore, avant de parvenir au consommateur, traverser plusieurs intermédiaires, tels que commissionnaires, bouchers en gros (*carcase butchers*), bouchers en demi-gros (*dealers*) et bouchers au détail. Parfois aussi tous ces intermédiaires sont supprimés, et les consommateurs achètent directement du commissionnaire ou du boucher en gros.

Ainsi la liberté a pour effet de multiplier à l'infini les combinaisons commerciales dans l'intérêt de tous, et sans qu'il en résulte d'élévation dans les prix toujours réglés par une concurrence sérieuse. Quant au bénéfice que réalisent les bouchers et au rapport qui existe entre les prix de la viande en gros et au détail, il est extrêmement difficile de s'en rendre un compte exact.

Prix de la viande en gros et au détail.

Voici cependant sur ce point quelques renseignements recueillis soit sur les lieux mêmes, soit dans les enquêtes parlementaires :

D'une manière générale, il paraît que les prix du détail à Londres ne suivent pas les oscillations des cours de la viande en gros. Lorsque les prix du *Metropolitan market* ou de Newgate s'abaissent, les bouchers ne diminuent pas leurs prix de vente dans la même proportion, de même qu'ils ne les augmentent pas non plus proportionnellement, à mesure que les cours des marchés sont en hausse; aussi, en temps de bas prix, les bouchers réalisent-ils généralement plus de profits que lorsque les cours sont plus élevés.

D'un autre côté, à Newgate, la viande est vendue en bloc, par animal ou par quartiers, à tant la livre. Les bouchers, au contraire, vendent à des prix très-différents les divers morceaux provenant d'un même animal, et ils doivent faire porter exclusivement tous leurs profits sur les premiers morceaux, les bas morceaux étant vendus à des prix très-inférieurs au cours moyen d'achat.

Bénéfice des bouchers de détail.

On a évalué à un denier par livre (22 centimes par kilogramme) le bénéfice moyen que faisaient les bouchers sur l'ensemble des quantités de viandes vendues; mais si un bœuf abattu leur revient à 4 shillings le *stone* ou 6 deniers la livre (1 fr. 40 cent. le kilogramme), le boucher vendra les premiers morceaux à 7 deniers et demi et 8 deniers (1 fr. 66 cent. à 1 fr. 80 cent. le kilogramme), tandis qu'il donnera les bas morceaux à 3 deniers et même 2 deniers et demi la livre (66 centimes le kilogramme). Aussi plusieurs déposants dans les enquêtes parlementaires ont-ils déclaré qu'il n'y avait pas de lieu en Angleterre où les classes les moins aisées pussent s'approvisionner à moindres frais et en plus grande abondance.

Entre les limites de prix inférieurs et supérieurs que je viens d'indiquer se placent des prix intermédiaires applicables aux morceaux de qualité moyenne.

Il est très-difficile de se rendre compte de l'importance relative des morceaux cotés à ces divers prix, d'autant plus qu'il n'y a pas d'uniformité sous ce rapport entre les divers quartiers de la ville, et que les bouchers augmentent ou diminuent les quantités relatives des premiers morceaux, suivant le goût plus ou moins délicat de leur clientèle.

Certains bouchers du *West-End* ne débitent pas eux-mêmes les bas quartiers des animaux qu'ils achètent, ils les font vendre à Newgate par des *salesmen*.

A l'époque où j'ai visité Newgate, le prix de la viande en gros sur ce marché était : pour le bœuf, dans son ensemble, 6 deniers par livre, et pour le mouton 6 deniers et demi (soit 1 fr. 40 cent. et 1 fr. 50 cent. le kilogramme); au détail, la viande soit de bœuf, soit de mouton, valait, suivant les morceaux, 3 deniers et demi, 7 deniers et demi et 9 deniers la livre (80 centimes, 1 fr. 66 cent. et 2 fr. 05 cent. le kilogramme). La moyenne de ces prix ressort à environ 7 deniers et demi la livre (1 fr. 66 cent. le kilogramme), ce qui donne le bénéfice moyen de 1 denier par livre signalé dans l'enquête (22 centimes par kilogramme). Il semble donc qu'on peut considérer ce chiffre de 22 centimes comme représentant assez exactement la somme prélevée par les bouchers de détail pour leurs frais et profit sur chaque kilogramme de viande vendue.

Viandes conservées

En dehors de la viande fraîche dont il vient d'être parlé, Londres consomme une quantité considérable de viandes salées et conservées, de jambons et autres objets analogues, désignés sous le nom générique de *provisions*. Une partie de ces denrées subissent à Londres même, chez les bouchers, les charcutiers de la ville, ou dans des établissements spéciaux, les préparations qui leur sont nécessaires. Des *provisions* arrivent aussi, toutes préparées, de l'extérieur. L'Irlande fournit une partie très-importante des jambons et du lard consommés à Londres; le reste vient de l'Allemagne (par Hambourg) et surtout des États-Unis de l'Amérique du Nord : on sait que, dans ce dernier pays, le commerce des porcs s'exerce, dans certaines villes (à Cincinnati notamment), sur une échelle immense. En 1858, sur 185,172 *cwts*[1] (93,586 kilogrammes) de jambons entrés dans le Royaume-Uni, 146,000 (73,000 kilogrammes) provenaient des États-Unis : la ville de Londres seule avait reçu 66,124 *cwts* (33,000 kilogrammes).

Il était entré, en outre, en 1858, à Londres, les quantités suivantes de viande conservées, savoir :

Bœuf salé.........	78,553 *cwts.*	39,276 kil.
Porc salé..........	68,506	34,235
Lard.............	9,421	4,710

Le commerce des viandes salées n'est pas concentré sur des marchés, comme celui des viandes fraîches; ces denrées sont expédiées directement à des marchands en gros (*hams and tongue dealers and merchants*) au nombre d'environ 200. Quelques intermédiaires s'occupent aussi accessoirement de la vente de ces articles par commission.

Il y a à Londres des établissements très-importants pour la conservation de la viande. J'ai visité un de ces établissements dans lequel on prépare

[1] Le signe *cwt* indique le quintal anglais, qui vaut 112 livres, soit $50^k,736$.

chaque jour de 500 à 1,000 kilogrammes de viande (principalement de bœuf et de mouton). La viande est préalablement désossée et dépecée; puis on la renferme dans des boîtes en fer-blanc, auxquelles on laisse une petite ouverture seulement, à la partie supérieure ; on passe ainsi le tout au bain-marie; au moment où la cuisson est terminée, on ferme l'ouverture avec une soudure d'étain, et on laisse refroidir; la viande ainsi préparée paraissait de bonne qualité, et se vendait en moyenne à raison de 7 deniers 1/2 la livre (1 fr. 66 cent. le kilogramme), le même prix que la viande ordinaire au détail.

VOLAILLE ET GIBIER.

Consommation de la volaille et du gibier à Londres.

La volaille et le gibier n'entrent pas pour une très-large part dans l'alimentation anglaise. C'est une nourriture de luxe, qui prend toutefois une grande extension momentanée aux environs de Noël; à cette époque de l'année, il n'est guère de ménage, si pauvre qu'il soit, qui ne se donne le luxe de quelque gala, dont, en vertu d'une ancienne coutume, l'oie grasse forme le principal aliment. En moyenne, on évalue l'importance des apports de volaille et de gibier dans la métropole à environ 8,000 tonnes par année. Cette quantité représente 8,200,000 kilogrammes, et donne une consommation individuelle d'à peu près 3 kilogrammes par an.

Les deux espèces de volaille dont il est le plus consommé à Londres sont les oies et les poulets; les canards, les dindes et les pigeons ont une beaucoup moindre importance.

Volaille. — Provenance.

Les oies qui servent à l'approvisionnement de Londres viennent principalement des comtés de Surrey, du Lincolnshire, de Suffolk, Norfolk et Berks. Les plus estimées sont fournies par le Sommersetshire. Il en arrive aussi d'Écosse et d'Irlande, et même de l'étranger (Poméranie).

Les poulets et poulardes sont engraissés surtout dans les comtés de Surrey et Sussex. C'est du Buckinghamshire, et notamment des environs d'Aylesbury, que l'on tire la majeure partie des canards servis sur la table de Londres. Les dindes sont expédiées des comtés de Devon, de Somerset, et de ceux de Norfolk, de Cambridge, d'Essex et de Suffolk.

Quant aux pigeons que Londres consomme, c'est à la France qu'elle en doit la majeure partie. Le reste vient de Norwége et de Hollande. Ceux de France sont expédiés par Boulogne et Calais sur les marchés anglais.

Importance des approvisionnements.

M. Dodd, dans son livre sur la consommation de Londres, fournit les évaluations suivantes sur les quantités respectives des diverses espèces de volaille annuellement vendues sur les marchés de Londres :

DÉSIGNATION.	LEADENHALL.	NEWGATE.	TOTAL.
	pièces.	pièces.	pièces.
Poulets morts	1,266,000	490,000	1,756,000
Poulets vivants	45,000	15,000	60,000
Oies mortes	888,000	114,000	1,002,000
Canards morts	235,000	148,000	383,000
Canards vivants	20,000	20,000	40,000
Dindes	69,000	55,000	124,000
Pigeons	285,000	98,000	383,000
TOTAUX	2,808,000	940,000	3,748,000

Pour le gibier, les principales espèces consommées à Londres sont le lapin, le lièvre et les perdreaux; puis viennent les faisans, les alouettes, etc.

Londres reçoit les faisans et les perdrix de Norfolk et de Suffolk, les canards sauvages du Lincolnshire et de la Hollande; les lapins de garenne, des comtés anglais et du Holstein; certaines espèces de gibier viennent même de pays plus éloignés, tels que la Norwége, les États de l'Europe méridionale et l'Égypte.

Voici, pour le gibier, des relevés analogues à ceux donnés plus haut pour la volaille :

DÉSIGNATION.	LEADENHALL.	NEWGATE.	TOTAL.
	pièces.	pièces.	pièces.
Lapins	680,000	180,000	860,000
Lièvres	48,000	55,000	103,000
Alouettes	213,000	100,000	313,000
Perdrix	85,000	60,000	145,000
Bécassines	60,009	47,000	107,000
Faisans	44,000	20,000	64,000
Canards sauvages	40,000	20,000	60,000
Coqs de bruyère	45,009	12,000	57,000
Pluviers	28,000	18,000	46,000
[illegible]	27,000	17,000	44,000
Poules d'eau	30,000	8,000	38,000
Sarcelles	10,000	5,000	15,000
TOTAUX	1,310,000	542,000	1,852,000

Concentration croissante de a vente en gros à *Leadenhall market.*

Ces tableaux se rapportent aux deux marchés de Leadenhall et de Newgate, qui comprennent à peu près la totalité de volaille et de gibier vendus à Londres; mais, d'après les renseignements qui m'ont été donnés, à Londres même, par les inspecteurs des marchés et par plusieurs commissionnaires, je crois que l'importance relative de Newgate, en ce qui concerne le commerce de la volaille et du gibier, a été exagérée dans les relevés ci-dessus, et que la part afférente à Leadenhall, dans l'ensemble de l'approvisionnement de Londres, doit être plus grande encore que ne l'indiquent ces tableaux. Du reste, les chiffres que j'ai reproduits d'après M. Dodd remontent déjà à une dizaine d'années; et, comme je l'ai déjà fait remarquer, le mouvement de concentration des ventes pour la volaille, comme pour les autres objets de consommation, devient de plus en plus sensible.

Leadenhall market.

Le marché de Leadenhall appartient à la corporation de Londres; il est situé dans la Cité, près de *Leadenhall street;* les abords en sont plus faciles que ceux de Newgate; cependant le marché est encore encombré par des maisons et des constructions de toutes sortes, et à l'intérieur il a à peu près les mêmes inconvénients que celui de Newgate; l'air et l'espace y font également défaut, et il y a un dédale de passages et de ruelles qui rendent la circulation fort incommode.

Le marché de Leadenhall comprend plusieurs genres de commerces; on y vend la volaille et le gibier morts et vivants; la volaille vivante est ordinairement destinée à l'engraissement et dirigée dans les comtés qui se livrent à cette industrie; elle est ensuite renvoyée tout engraissée au marché de Leadenhall pour être livrée à la consommation. On trouve aussi à Lendenhall des animaux vivants, tels que chiens, chats, cygnes, oiseaux, etc. Une partie du marché est encore affectée à la viande abattue, comme j'ai déjà eu l'occasion de l'indiquer.

Vente de volailles et autres animaux vivants.

De tous ces commerces, le plus important est de beaucoup celui de la volaille et du gibier morts.

Enfin, il y a, à *Leadenhall market*, un emplacement spécial pour la vente en gros des peaux et cuirs bruts ou tannés; ce marché spécial se tient les mardi et vendredi de chaque semaine.

Marché spécial pour les peaux et les cuirs.

La Cité de Londres perçoit, au marché de Leadenhall, des droits de location et des taxes sur les denrées apportées; les droits de place sont ainsi fixés : pour les boutiques affectées à la vente du gibier et de la volaille, de 8 shillings à 2 livres 5 shillings par semaine (10 à 56 francs); pour les étaux, 30 shillings à 4 livres 10 shillings par semaine (37 fr. 50 cent. à 112 fr. 50 cent.); les taxes sur la volaille et le gibier sont de 1 denier (10 centimes) par panier.

Droits de place.

D'après les renseignements contenus dans une enquête de l'année 1850, les revenus de *Leadenhall market* étaient, à cette époque, de 2,500 livres (62,500 francs) environ, et les dépenses étaient de 1,500 livres; le bénéfice net annuel, pour la Cité, était de 1,000 livres sterling (25,000 francs). Depuis cette époque, les recettes brutes ont un peu augmenté; elles se sont élevées, en 1858, à 2,982 livres 11 shillings 11 deniers (74,565 francs).

Personnel du marché.

Au marché de Leadenhall est attaché un inspecteur qui exerce les fonctions de receveur des droits de la Cité. Cet inspecteur, nommé par la corporation, reçoit un traitement fixe de 145 livres sterling par an (3,625 francs), et un prélèvement éventuel de 5 p. o/o sur les perceptions qu'il fait pour le compte de la ville. Il dépose un cautionnement de 500 livres sterling (12,500 francs) dont l'intérêt lui est payé annuellement.

L'inspecteur est assisté, en temps ordinaire, de deux agents inférieurs (*beadles*); pendant le temps de Noël, à cause de l'extension que prennent les opérations du marché, il a en outre sous ses ordres, pour maintenir la police, vingt *policemen*.

Le receveur se tient tous les jours sur le marché, de cinq heures du matin à deux heures de l'après-midi (le dimanche excepté); le samedi il doit, en outre, rester de cinq à onze heures du soir.

Les jours de marché les plus importants sont les mardis, jeudis et samedis.

Les fonctions du receveur de Leadenhall sont les mêmes qui ont été indiquées plus haut par le receveur de Newgate, en ce qui concerne la perception des droits, la location des places, etc.

Dispositions réglementaires. — Salubrité des denrées.

Il exerce aussi une surveillance sur toutes les denrées exposées en vente au marché; il peut saisir et faire détruire celles qui sont reconnues malsaines ou impropres à la nourriture de l'homme. Dans ce cas, les détenteurs sont en outre condamnés à une amende de 5 livres (125 francs) pour chaque objet saisi.

Vérification des poids.

Il y a, au marché, des poids publics remis à la garde de l'inspecteur, et qui servent à vérifier les quantités des denrées vendues, en cas de contestation entre les vendeurs et les acheteurs; ces pesages n'ont guère lieu que sur réquisition.

Bon ordre et circulation.

L'inspecteur a encore pour mission de maintenir le bon ordre et la libre circulation dans le marché, afin d'éviter l'encombrement. Du reste, des dispositions spéciales ont été prises par le comité des marchés, pour interdire le dépôt et le maintien, sur le marché, de paniers vides, ainsi que la circulation, dans tous les passages de pied, de voitures à bras, chariots, etc. (Règlement du 15 avril 1842.)

Le stationnement des voitures, soit sur certains points du marché, soit dans les rues adjacentes, est en outre l'objet de règlements particuliers.

Les marchandises destinées à la vente sont le plus généralement amenées au marché dans les voitures des différentes compagnies de chemins de fer, qui en ont fait l'apport à Londres. Les agents de ces compagnies opèrent aussi le plus souvent le déchargement de ces denrées; il y a cependant, au marché, quelques porteurs nommés par la corporation, mais leur emploi est facultatif.

Commissionnaires à la volaille. — Permissions spéciales pour la vente du gibier.

Les ventes en gros, à Leadenhall comme à Newgate, sont faites par des intermédiaires libres (*salesmen*), moyennant une commission généralement fixée à 5 p. o/o du prix des gibier et volailles vendus; mais dans ce prix sont compris les frais de déchargement qui sont à leur charge. Les *salesmen* ne sont pas limités, mais ils ne sont pas très-nombreux; on n'en compte pas plus de trente à quarante, aussi font-ils des affaires très-considérables, et l'on m'a assuré que beaucoup d'entre eux réalisaient des bénéfices annuels qui s'élevaient de cinquante à cent mille francs; les *salesmen* ne sont soumis à aucune obligation spéciale en leur qualité d'intermédiaires; mais, de même que toutes les personnes qui vendent du gibier, non-seulement dans les marchés, mais encore dans toute l'étendue de la métropole et même du Royaume-Uni, ils sont tenus de se munir de permissions légales. Ces permissions (*licenses*) sont délivrées, pour la Cité de Londres, par la corporation municipale; dans les autres districts, par les juges des petites sessions; elles ne sont valables que pour une année; il est prélevé à chaque renouvellement un droit de 2 livres sterling (50 francs), perçu au profit de l'État par les receveurs des contributions directes (*assessed taxes*). En prenant ces permis, les marchands doivent s'engager, sous serment, à ne jamais vendre du gibier en temps prohibé.

Toutefois, au moment de la fermeture de la chasse, il est accordé un délai de vingt-cinq jours pour écouler la marchandise qui peut avoir été prise en temps légal. Lorsque la chasse est fermée, le commerce du gibier mort ou vivant est légalement interdit; mais il s'exerce, paraît-il, avec une certaine activité, d'une manière clandestine, et les poursuites sont peu rigoureuses, à la condition que la loi ne soit pas enfreinte trop ouvertement.

Un point assez remarquable de la législation anglaise, c'est le peu d'extension donnée aux espèces classées sous la dénomination de gibier : ainsi, le lapin, le coq de bruyère et quelques autres espèces ne sont pas considérés comme gibier, et peuvent être vendus en toute saison ; il en est de même de tout ce qui se rapproche plus ou moins des oiseaux de passage. Le daim n'est pas non plus réputé gibier : vivant, il est assimilé aux animaux domestiques, et sa destruction illicite est punie des mêmes peines que celle de ces animaux ; mort, le daim devient de la viande de boucherie.

Il est interdit à certaines catégories d'individus, tels qu'aubergistes, fournisseurs de vivres, marchands de bière, conducteurs de voitures, etc. de faire le commerce du gibier, et tout marchand muni d'une *license* qui achète du gibier de personnes non autorisées est passible d'une amende de 10 livres sterling (250 francs).

Les dispositions relatives à la vente du gibier ont été édictées, en dernier lieu, par l'acte 1 et 2, Guillaume IV, c. 32 (1831). Elles sont beaucoup moins rigoureuses que celles qui existaient avant la publication de cet acte. Cette réglementation, d'ailleurs, a son point de départ dans l'importance que les grands propriétaires anglais attachent à leur droit de chasse. Ces propriétaires font généralement, trois ou quatre fois l'an, de grandes battues dans chacun de leurs domaines, et réunissent ainsi à la fois d'énormes quantités de gibier qu'ils vendent directement à des marchands, ou bien qu'ils envoient en consignation aux *salesmen* pour en opérer la vente au marché de Leadenhall.

Tout le régime restrictif qui vient d'être exposé est exclusivement applicable au gibier : la vente de la volaille est absolument libre en tout temps et s'exerce par toutes personnes.

Prix comparatifs de la volaille et du gibier vendus en gros et en détail.

Au moment de mon séjour à Londres (novembre 1859), j'ai recueilli les renseignements ci-après sur les prix comparatifs du gibier et de la volaille en gros et en détail.

ANIMAUX.	PRIX EN GROS. — *Leadenhall.*		PRIX AU DÉTAIL. — *Hungerford market.*	
	sh. d.	fr. c.	sh. d.	fr. c.
Poulets, la pièce	1 3	1 55	2 2	2 70
Poulardes, *idem*	3 6	4 35	5 0	6 25
Dindes, *idem*	5 0	6 25	5 6	6 90
Canards, *idem*	2 6	3 20	3 0	3 75
Faisans, *idem*	2 0	2 50	3 0	3 75
Poulardes de Surrey, *idem*	4 5	5 60	"	"
Oies, *idem*	4 3	5 30	5 6	6 90
Perdrix, *idem*	1 0	1 25	1 6	1 90
Lièvres, *idem*	2 0	2 50	3 0	3 75
Lapins de garenne, *idem*	1 0	1 25	1 6	1 90
Canards sauvages, *idem*	1 6	1 80	2 0	2 50
Pigeons, *idem*	0 9	0 90	1 0	1 25
Sarcelles, *idem*	0 7 1/2	0 75	1 0	1 25
Lapins domestiques, *idem*	1 6	1 87	"	"
Bécassines, *idem*	2 0	2 50	2 9	3 45
Bécasses, *idem*	1 0	1 25	1 3	1 55
Alouettes, la douzaine	"	"	1 0	1 25

Les prix de la plupart de ces articles augmentent beaucoup pendant le temps de Noël, par suite de la multiplicité des demandes qui ont lieu à cette époque. Les prix ci-dessus, qui m'ont été indiqués par l'inspecteur du marché, étaient considérés comme assez modérés, le marché étant alors très-largement approvisionné.

Les ventes en gros se font ordinairement par douzaines de pièces; les *salesmen* accordent assez souvent des crédits de plusieurs mois aux acheteurs; mais, dans ce cas, leurs prix sont un peu supérieurs à ceux des ventes au comptant. Pour la vente en détail, les crédits sont accordés très-rarement sur les marchés mêmes; ils sont beaucoup plus fréquents de la part des détaillants établis en ville, à l'égard des clients qu'ils connaissent.

Il y a à Londres un assez grand nombre de marchés où le gibier et la volaille se vendent au détail; les principaux sont ceux d'Hungerford, dans le *West-End*, près de *Charing cross;* de Farringdon, dans la Cité, près de *Farringdon street*; d'Oxford, dans *Oxford street*, etc.

LAIT, BEURRE, FROMAGES, ŒUFS.

Lait. — Consommation.

La quantité de lait consommée à Londres a été l'objet d'évaluations très-différentes.

En prenant la moyenne des calculs présentés à ce sujet, on arrive aux résultats suivants : environ 20,000 vaches alimenteraient la métropole; la production moyenne en lait serait de 12 *quarts* par jour (13 litres 65) pour chaque vache; ce qui donnerait un total de 240,000 *quarts,* et pour l'année entière, 87,600,000 *quarts* ou environ 100 millions de litres. Pour une population de 2,600,000 habitants, ce serait une consommation moyenne par individu d'un peu plus de 38 litres par an ou de 0 litre 104 par jour.

Mode d'approvisionnement. — Transport par chemins de fer.

Le mode d'approvisionnement de Londres pour ce produit est en voie de subir, depuis l'établissement des chemins de fer, des modifications analogues à celles qui se sont réalisées pour les autres denrées. Autrefois, tout le lait consommé à Londres était fourni par des laiteries situées dans l'intérieur de la ville ou dans les environs, dans un rayon très-rapproché.

Aujourd'hui, les lignes de chemins de fer concourent pour une notable proportion aux apports de lait; ainsi, dès 1853, la seule compagnie des comtés de l'Est (*Eastern Counties Railway*) en avait apporté à Londres plus de trois millions et demi de litres; et depuis lors, les transports de cette ligne, qui sont du reste de beaucoup les plus importants, se sont encore notablement accrus.

Le lait qui arrive à Londres par les voies ferrées est recueilli dans les fermes par des agents envoyés par les commerçants en gros; ceux-ci le vendent ensuite à des laitiers (*milkmen*) qui le distribuent à domicile chez leurs pratiques.

Le transport par chemin de fer est d'ailleurs assez économique; le prix est ordinairement de 3 farthings par gallon (1 fr. 66 cent. par hectolitre) pour une distance moindre de 40 milles (64 kilomètres), et de 1 penny (2 fr. 25 cent. par hectolitre) pour un plus long trajet; les compagnies se chargent, en outre, de remporter sans frais les boîtes vides. Ces transports se font, du reste, avec beaucoup de régularité et de célérité; les arrivages ont généralement lieu deux fois par jour.

Laiteries de Londres.

Malgré l'extension que prennent les envois des comtés éloignés, les laiteries de Londres et des environs produisent encore la majeure partie du lait qui sert à la nourriture des habitants de la ville. Parmi ces établissements, il en est de très-considérables et qui ne comptent pas moins de 500 vaches; il paraît que, il y a quelques années encore, ces laiteries laissaient beaucoup à désirer sous le rapport de la propreté et de la tenue genérale; mais les mesures qui ont été prises ont produit une grande amélioration à cet égard. De nombreuses laiteries qui existaient autrefois dans l'intérieur de la Cité ont été supprimées, à l'exception d'une seule qui a dû se soumettre aux prescriptions sanitaires émanées de l'autorité municipale. Aucun nouvel établissement ne pourrait être créé sans une permission (*license*) spéciale de la corporation de Londres.

Laiterie de la Cité.

J'ai visité la laiterie qui subsiste dans la Cité; elle est située dans le voisinage de *Mark lane;* le nombre des vaches qui y sont entretenues varie de 12 à 20; il y en avait 14 à l'époque où j'y suis allé. Ces animaux sont nourris avec des tourteaux (*oilcakes*) ou des résidus de brasserie (*drèche*) mélangés avec du trèfle haché ; il m'a été dit que le prix moyen de cette nourriture était de 18 deniers

(1 fr. 85 cent.) par jour et par animal; mais ce prix varie avec la saison. A cette époque, le trèfle coûtait en moyenne 4 livres le *load* (11 fr. 70 cent. le quintal métrique), et la drèche 6 deniers le boisseau (1 fr. 65 cent. l'hectolitre).

La quantité de lait donnée par une vache dans un jour variait, m'a-t-on dit, suivant les races, de 10 à 20 *quarts* (11 litres 36 à 22 litres 72). Les vaches hollandaises et normandes étaient considérées comme celles dont les produits étaient les plus abondants.

Le personnel attaché à la laiterie, et chargé de traire et de soigner les vaches, se composait de deux hommes et d'un enfant. Les vaches étaient traites deux fois par jour, dans la matinée et vers quatre ou cinq heures de l'après-midi.

Dans cette laiterie, le lait est vendu au comptant dans la boutique même à de petits laitiers (*dairymen* et *milkmen*) qui en font la distribution deux fois par jour à la population. Un assez grand nombre de ménagères viennent aussi s'approvisionner directement à la laiterie; mais cet établissement ne transporte jamais de lait à domicile et n'accorde pas de crédit.

Distribution du lait à Londres.

Dans toute l'étendue de la métropole, la distribution du lait se fait d'une manière analogue à celle qui vient d'être indiquée : aussitôt après avoir reçu leur approvisionnement de lait, les petits laitiers parcourent les différents quartiers de Londres pour porter ce produit à leur clientèle : ils font leurs tournées deux fois par jour.

Il arrive assez ordinairement qu'avant de parvenir au consommateur, le lait passe par un double intermédiaire : le laitier en gros (*dealer*) qui le reçoit des fermiers ou de la laiterie, et les petits détaillants qui portent à domicile (*dairymen* ou *milkmen*). Le nombre de ces détaillants établis n'est pas moindre de 1,400. Ils ont en outre, à leur solde, des agents en nombre suffisant pour accomplir leurs distributions. En 1851, le personnel employé au commerce du lait comprenait, d'après le recensement officiel, 5,200 individus, dont 4,000 du sexe masculin et 1,200 du sexe féminin.

Prix du lait en gros et en détail.

En moyenne, le lait est vendu par le fermier au laitier en gros 5 à 7 deniers le gallon (11 cent. 3 à 16 cent. 3 le litre); celui-ci le revend au détaillant 8 à 9 deniers (18 cent. 2 à 20 cent. 9 le litre), et les consommateurs le payent de 4 deniers à 4 deniers 1/2 le quart (35 à 40 centimes le litre); mais la crème se vend beaucoup plus cher. Il paraît que les falsifications du lait, notamment par l'addition d'eau, sont assez fréquentes à Londres, et augmentent dans une large proportion les bénéfices des détaillants. On m'a signalé en outre, comme une pratique assez commune, le mélange de la soude fait dans le but d'empêcher le lait de tourner.

Dans la laiterie de la Cité, que j'ai visitée, le lait est vendu au détaillant 4 deniers (35 centimes le litre). Ce prix, relativement élevé comme prix de gros, tiendrait à la qualité supérieure du lait, due à son extrême pureté.

La consommation du beurre à Londres est évaluée à 45 millions de livres par année (20 millions de kilogrammes), soit en moyenne 7 kilog. 692 par individu. Une grande partie du beurre se consomme avec le thé. Beurre. — Consommation.

Le commerce s'exerce sur des quantités beaucoup plus considérables que celles que je viens d'indiquer, une notable portion des arrivages étant réexportée de Londres.

Le beurre frais est fourni par les comtés anglais les plus rapprochés de la métropole; le beurre salé, qui est de beaucoup le plus important, est envoyé par l'Écosse, l'Irlande et les pays étrangers, notamment la Hollande, la France, les villes anséatiques et la Belgique. Provenances.

Le beurre frais est vendu en gros principalement sur les marchés de Newgate et de Leadenhall, et dans un emplacement situé dans le *Southwark*, près de *Borough market*, et désigné sous le nom d'*Aerish market*, parce qu'il se tient en plein air. Les achats sont faits chaque jour de très-bonne heure par les détaillants.

Le beurre salé d'Écosse et d'Irlande se vend à peu près dans les mêmes conditions.

L'Irlande fournit à Londres une quantité très-considérable de ce produit, qui se prépare principalement à Cork, Waterford, etc. Les envois annuels de cette contrée ne sont pas évalués à moins de 300,000 *firkins* (7,500,000 kilogrammes).

Commissionnaires en beurre.

Quant au beurre de provenance étrangère, il arrive pour la majeure partie par la Tamise et est débarqué dans un magasin particulier situé sur le *Brewers' quay* [1]. C'est en cet endroit que la vente en gros en est ordinairement faite. Ce n'est pas qu'il existe là de marché proprement dit; mais, à de certains jours (le mardi et le vendredi de chaque semaine), ce magasin devient le centre de réunion de tous les *salesmen* ou commissionnaires qui viennent opérer la vente des beurres qui leur ont été consignés. La marchandise est vendue en nature et non sur échantillon; les ventes ont lieu à l'amiable; elles sont faites à des marchands en gros qui revendent ensuite aux détaillants. Il y a ainsi un triple intermédiaire entre le producteur et le consommateur.

Les *salesmen* ou commissionnaires en beurre sont entièrement libres; ils ne sont soumis à aucune obligation ni formalité; leur nombre est illimité; en 1859, on en comptait environ vingt-cinq. La

[1] Quai particulier situé près de la tour de Londres.

commission qui leur est payée par les expéditeurs varie de 2 à 4 p. 0/0.

Le beurre est envoyé ordinairement dans des barils de 56 à 100 livres anglaises (25 à 45 kilogrammes); la vente au poids est obligatoire.

Ce produit n'est soumis ni à l'accise ni à aucun droit municipal; mais celui qui vient de l'étranger acquitte au profit de l'État des droits de douane fixés à 5 shillings par 112 livres anglaises (12 fr. 40 cent. par 100 kilogrammes).

Prix du beurre.

En novembre 1859, le prix du beurre salé en gros variait, suivant la qualité, de 80 à 100 shillings les 112 livres anglaises (200 à 250 francs les 100 kilogrammes), droits de douane compris.

A la même époque, le beurre frais se vendait en gros, en moyenne, sur les marchés de Newgate et de Leadenhall, 1 shilling 3 deniers la livre (3 fr. 46 cent. le kilogramme); au détail, le prix du beurre frais était d'environ 1 shilling 6 deniers (4 fr. 20 cent. le kilogramme).

Fromage.

Le commerce du fromage à Londres présente une grande importance; mais il m'a été impossible d'obtenir une évaluation, même approximative, des quantités qui se consomment annuellement. Il résulte seulement des renseignements qui m'ont été donnés que le fromage de Chester et le fromage étranger (provenant surtout de Hollande et d'Amérique), représentent chacun environ un cinquième de l'approvisionnement de la métropole.

Mode de vente

Le fromage étranger se vend en gros, comme le beurre de même provenance, au *Brewers' quay* et dans des conditions analogues; les ventes sont également faites par des intermédiaires libres qui prélèvent une commission de 2 à 3 p. 0/0; le fromage des comtés anglais est porté sur les marchés de Newgate et de Leadenhall. Le fromage étranger acquitte à l'entrée en Angleterre un droit de douane de 2 shill. 6 d. pour 112 liv. (6 fr. 25 c. par 100 kilog.).

Prix.

Le prix moyen du fromage étranger vendu en gros était, à la fin de novembre 1859, de 60 shillings les 112 livres (150 fr. les 100 kilogrammes).

Œufs. — Mode d'approvisionnement.

La majeure partie des œufs consommés à Londres est importée de l'étranger, et c'est principalement de France que ces produits sont expédiés. Ce commerce se fait, paraît-il, d'une manière assez remarquable et tout à fait différente de ce qui se pratique pour les autres denrées; là, il n'y a pas d'intermédiaires, ce sont les propriétaires français (bretons ou normands) qui viennent eux-mêmes à Londres apporter et vendre leurs œufs. Par suite d'un usage qui remonte à 1814 ou 1815, ces commerçants se réunissent le plus communément dans les cafés (*public houses*) ou magasins situés dans le

Southwark, non loin de *Borough market;* c'est là que s'opère la vente en gros des œufs qu'ils ont importés, et que les détaillants viennent faire leurs approvisionnements. Ces réunions toutes spontanées du commerce se tiennent tous les jours; mais les mardis et vendredis sont les plus importants.

Droits applicables aux œufs.

Les œufs payent un double droit à l'entrée dans Londres, savoir un droit de douane de 4 deniers (41 centimes) par pied cube et une taxe municipale de navigation (*City dues*) de 6 deniers (62 centimes 5) par 120 œufs; mais cette dernière taxe ne s'applique qu'aux œufs arrivant par la Tamise.

Prix de vente.

Les œufs apportés à Londres des comtés anglais et de l'Irlande sont vendus, pour la majeure partie, à Leadenhall ou à Newgate. Le prix moyen des œufs vendus en gros était, à la fin de novembre 1859, de 8 shillings 6 deniers les 120 (1 fr. 063 la douzaine). Au détail, les œufs valaient environ 15 centimes la pièce. Les œufs très-frais, assez rares à Londres, étaient d'un prix plus élevé.

POISSON.

Dans son ouvrage sur l'alimentation de Londres, M. Dodd évalue, d'après M. Raithwaite Poole, la quantité totale de poisson vendue au *Billingsgate market*, à 230,000 tonnes par an. J'ai lieu de croire cette évaluation exagérée; il résulte en effet des renseignements que j'ai recueillis de l'inspecteur de Billingsgate que les apports au marché se partagent à peu près également entre les chemins de fer et la navigation. D'après les relevés officiels qu'il tient des arrivages par chemins de fer, le même fonctionnaire évaluait à 400 le nombre des wagons arrivant en moyenne chaque semaine au marché. Chaque wagon ayant une contenance d'environ 3 tonnes anglaises, c'est un total de 1,200 tonnes par semaine pour les apports des chemins de fer. En doublant ce chiffre pour la part afférente aux arrivages par la Tamise, on obtient un ensemble de 2,400 tonnes par semaine et pour l'année entière de 124,800 tonnes, chiffre déjà très-élevé, puisqu'il équivaut à près de 130 millions de kilogrammes, et représente, pour une population que l'on peut porter à 3 millions et demi d'habitants (en tenant compte des envois faits au dehors), une consommation individuelle de 37 kilogrammes par an et 100 grammes par jour.

Pour le poisson, comme pour d'autres denrées, l'Angleterre est un véritable entrepôt qui envoie une partie de son superflu au dehors. Nous en recevons une part importante, surtout en poisson de luxe, et il est tel commissionnaire qui expédie à Paris pour 1 million de francs de poisson par an.

Importance relative des diverses espèces de poisson consommées à Londres.

De toutes les espèces de poisson, le hareng est celle dont la consommation est la plus considérable; elle représente seule plus de la moitié du total.

Au reste, le tableau qui suit, extrait de l'ouvrage de M. Dodd, donne une idée assez exacte de l'importance relative des diverses espèces de poisson qui concourent à l'alimentation de Londres; mais, d'après les motifs qui viennent d'être indiqués, les chiffres absolus me paraissent trop élevés.

DÉSIGNATION DES ESPÈCES.	NOMBRE de pièces.	TONNES anglaises de 1,015 kilog.	VALEUR.
Poisson frais.	millions.		l. st.
Harengs arrivant en vrague (*in bulk*).	1,050	112,500	1,050,000
Harengs en barils (250,000 barils)...	175	18,750	175,000
Plies (1 livre chacune)...........	34	15,000	90,000
Soles (1/4 de livre chacune).........	98	12,000	20,000
Merlans (6 onces chacun)..........	18	3,000	9,000
Morue fraîche ou cabiot (10 livres chacune)........................	1/2	1,785	5,000
Sardines.........................	"	1,780	12,000
Saumons (2,900 boîtes)............	1/2	1,555	124,000
Anguilles........................	10	730	26,800
Carrelets........................	1/4	20	100
Barbues..........................	1/4	21	100
Merluches (2 livres chacune)........	2,5	2,250	30,000
Maquereaux.......................	24	10,500	130,000
		179,891	1,672,000
Poisson sec.			
Harengs..........................	197	5,357	100,000
Merluches........................	20	4,785	20,000
Morue............................	2	5,446	7,000
Sardines.........................	0,25	42	3,000
		15,718	130,000
Coquilles.			
Huîtres (309,935 boisseaux)........	496	31,000	125,000
Pétoncles (76,000 paniers).........	304	1,900	15,000
Crevettes (192,295 gallons)........	498	875	6,000
Homards..........................	1,25	535	30,000
Crabes...........................	0,50	282	7,500
Autres espèces....................	124	2,678	9,000
		37,250	193,000
TOTAL GÉNÉRAL.....................		232,859	1,995,000
Soit.............................		236,351,885[k]	49,875,000[f]

Les provenances de toutes ces espèces de poisson Provenances.

sont très-différentes : Yarmouth et les côtes des comtés de Norfolk et de Suffolk sont, avec les côtes de l'Écosse, les points du Royaume-Uni qui fournissent la majeure partie des harengs. Le saumon est pêché dans les rivières d'Écosse, où ce poisson abonde; la morue est expédiée de Hollande, de Norwége et de Yarmouth; le maquereau vient du Devon et de Cornouailles; les anguilles, de Hollande; les huîtres, de la Tamise et des îles de la Manche; les homards, des côtes d'Écosse et de Norwége; les crabes, des côtes méridionales d'Angleterre et d'Irlande, etc.

Billingsgate market. — Dispositions générales.

C'est sur le marché de Billingsgate que ce vaste approvisionnement se concentre.

Ce marché appartient à la corporation municipale de Londres; il est situé dans la Cité, sur les bords même de la Tamise, près de l'administration des douanes (*custom house*). Les bateaux qui arrivent par la Tamise peuvent s'amarrer près du quai qui borde le marché et se déchargent très-facilement. Au reste, l'emplacement sur lequel le marché de Billingsgate est établi est, paraît-il, affecté depuis près de huit siècles à cette destination; mais les bâtiments actuels sont d'une origine récente; ils ont été reconstruits en 1852 sur les plans de l'architecte de la ville [1].

Le marché est assez vaste et bien disposé ; il est

[1] M. Bunning, qui a également construit le marché métropolitain d'Islington et la bourse au charbon.

couvert dans toute son étendue, et l'on y a placé des appareils fort puissants qui font arriver l'eau en très-grande abondance et avec beaucoup de force, de sorte qu'il suffit de très-peu d'instants pour nettoyer complétement tout le marché; le seul reproche que j'aie entendu faire au marché, c'est qu'il manque un peu d'élévation, ce qui rend l'aération quelquefois insuffisante.

Le marché est divisé en deux parties : l'une, de niveau avec le sol, comprend la vente de tout le poisson frais de mer ou d'eau douce; la seconde partie est placée au-dessous et reçoit du jour et de l'air par de larges ouvertures pratiquées dans l'intérieur même du marché et entourées de balustrades. Cette partie basse est spécialement affectée à la vente des moules et de toutes les coquilles autres que les huîtres. L'inspecteur du marché m'a dit que l'on avait établi un local séparé pour la vente de ces coquilles, parce que les personnes qui viennent au marché s'approvisionner de ces objets appartiennent à la classe la plus infime de la population de Londres.

L'étage inférieur est encore occupé par des caves disposées en magasins et qui servent à serrer les paniers et quelques marchandises invendues susceptibles de conservation.

Abords du marché.

Les abords de *Billingsgate market* sont très-incommodes; le marché n'est accessible que par une seule rue très-peu large (*Lower Thames street*), et toutes les rues qui aboutissent à celle-ci sont à peu près impraticables aux voitures, parce qu'elles sont à la fois étroites et escarpées. Aussi y a-t-il tous les jours, depuis quatre ou cinq heures du matin jusqu'à midi ou une heure, une triple ligne de voitures qui stationnent dans la rue de Lower Thames, depuis Billingsgate jusqu'au delà du pont de Londres et rendent la circulation tout à fait impossible dans cette partie de la Cité.

Le marché de Billingsgate a été l'objet de dispositions législatives très-nombreuses dont les dernières datent de 1846 (act. 9 et 10, Victoria, c. 346).

Règlements applicables au *Billingsgate market.*

Cette loi, qui a maintenu tous les priviléges de la société de la marine (association très-importante qui n'est pas spéciale au marché de Billingsgate, et dont l'objet embrasse des intérêts plus généraux relatifs au commerce maritime et à la navigation de la Tamise) et de ceux des mesureurs d'huîtres, a donné à la corporation municipale de Londres le droit d'établir et de modifier tous les règlements relatifs à la tenue du marché, avec l'approbation préalable d'un des lords secrétaires d'État.

En vertu de cette loi de 1846, un règlement, dont voici les dispositions principales, a été adopté en 1852 par le lord maire et le conseil communal, et sanctionné par les lords du conseil privé pour les affaires commerciales (*lords of the committee of privy council for trade and foreign plantations*).

Jours de vente.

Le marché de Billingsgate se tient tous les jours; l'ouverture et la fermeture sont annoncées au son de la cloche.

Apports sur le marché.

Il est interdit d'y apporter du poisson avant cinq heures du matin sous peine d'une amende de 5 livres (125 francs) au profit de la corporation. La clôture a lieu à deux heures de l'après-midi.

Salubrité des denrées.

Toute denrée avariée, corrompue ou impropre par une cause quelconque à la nourriture de l'homme, est saisie et détruite, et le détenteur est condamné à une amende de 5 livres (125 francs).

Police générale du marché.

L'inspecteur du marché indique les endroits où doivent être placées les différentes espèces de poisson, et l'on doit se conformer à ses prescriptions sur ce point, sous peine d'une amende de 5 livres (125 francs). Un emplacement spécial est affecté à la vente du saumon, et il n'en peut être vendu sur d'autres points

Tous les barils ou paniers vides doivent être enlevés aussitôt que le poisson en a été retiré.

Il est interdit de jeter ou de laisser séjourner sur le marché aucuns débris, coquilles, ordures ou déchets de quelque nature que ce soit.

Tous les bateaux qui apportent le poisson au marché doivent être déchargés avant l'heure où sonne la cloche de la haute marée (*high water*), et aussitôt après le déchargement doivent quitter le marché et le dock y attenant.

De même les wagons, les voitures, les chariots et les autres véhicules qui amènent ou viennent chercher le poisson au marché doivent être chargés ou déchargés le plus rapidement possible et emmenés aussitôt qu'ils ont été vidés ou remplis; toutefois, la rapidité de ces dernières opérations se trouve souvent entravée par l'insuffisance et l'encombrement des abords du marché.

Toutes les dispositions qui viennent d'être reproduites sont sanctionnées par une amende de 5 livres (125 francs), à l'égard des contrevenants.

Droits de place et autres.

Des droits de diverse nature sont perçus sur les marchandises qui sont apportées au marché de Billingsgate. En vertu de l'acte de 1846, les bateaux de toutes dimensions qui amènent du poisson à Billingsgate ont, en traversant la *Nore*, à payer à l'administration des douanes un droit fixe de 2 shillings (2 fr. 50 cent.), qui remplace toutes les anciennes taxes de navigation (*claims, dues, customs whatsoever*) et autres auxquelles sont assujettis les autres bâtiments qui franchissent ce passage. Ce droit de 2 shillings appartient, jusqu'à concurrence de 6 deniers, au receveur de la douane; le surplus est remis à la société de la marine.

Tarif des taxes.

Les bateaux ou véhicules qui apportent le poisson

au marché de Billingsgate acquittent, en outre, au profit de la Cité de Londres, des droits fixés par le tarif ci-après :

	sh	d	f	c
Bateau (*peter boat*) chargé de poisson d'eau douce...........................	0	6	0	625
Petit bateau ou esquif (*small boat, wherry or skiff*)............................	1	0	1	25
Bateau couvert (*hatch boat*).............	1	6	1	90
Grand bateau ou vaisseau chargé de homards, de maquereaux, de harengs frais, de sardines, de soles......................	2	6	3	135
Grand bateau ou vaisseau (*great boat, smack, vessel, lighter, barge, or other craft*) chargé de saumon, de barils de harengs saurs (*red*) ou blancs (*white*), de morue, de merluche et de toute autre espèce de poisson non spécialement dénommée...........	5	0	6	25
Bateau (*lug boat, barge, smack or vessel*) à moitié chargé de poisson.............	2	6	3	125
Voiture, chariot, wagon et véhicules de toute espèce amenant du poisson (*cart, machine, van, waggon, or any other description of conveyance*) :				
Attelés de deux chevaux au plus.....	1	0	1	25
De plus de deux chevaux...........	1	6	1	90
Bateau ou vaisseau (*boat, smack, vessel, cock, lighter, barge, or other craft*) chargé d'huîtres :				
Pour amarrage (*groundage*), par jour.	0	2	0	20
Pour mesurage, par bushel (36 lit. 5).	0	1/2	0	05
Par voyage....................	1	1	1	35

Indépendamment de ces taxes qui s'appliquent aux denrées destinées à la vente, la corporation de

Londres perçoit des droits pour la location des divers emplacements du marché.

Ces droits varient beaucoup suivant la nature et la situation des places occupées.

Tarif des droits de place.

Il y a les places affectées à la vente en gros (*wholesale stands*) et à celle au détail (*detail stands*), et les places mobiles ou temporaires (*casual*). Les places pour la vente en gros et en détail se louent depuis 3 shillings (3 fr. 75 cent.) jusqu'à 20 shillings (25 francs) par semaine. Les places temporaires, de 8 deniers à 1 shilling par jour. Enfin, la ville accorde, moyennant la très-minime rétribution de 6 deniers par quinzaine, le droit de vendre du poisson au détail sur les trottoirs et berges du marché; mais les heures de stationnement et de vente dans ces endroits sont limitées.

Les produits bruts du marché de Billingsgate se sont élevés, en 1858, à 6,943 livres (171,075 fr.).

Personnel du marché.

Le personnel du marché de Billingsgate comprend un inspecteur-receveur (*clerk and collector*), ayant un traitement de 300 livres par an (7,500 francs), deux constables qui sont payés, l'un 1 livre 7 shillings (33 fr. 75 cent.), et l'autre 1 livre 5 shillings (31 fr. 25 cent.) par semaine; et un homme de service (*labourer*) qui reçoit 1 livre (25 francs) par semaine.

L'inspecteur se tient sur le marché tous les

jours, le dimanche excepté, de cinq heures du matin à deux heures après midi.

Ses fonctions, en ce qui concerne la perception des droits, la location des places, le maintien du bon ordre, la surveillance des denrées, etc., sont analogues à celles indiquées précédemment pour les receveurs des marchés de Leadenhall et de Newgate.

Il existe près du marché de Billingsgate un mesureur juré (*sworn meter*) nommé par la corporation municipale, et qui a le droit exclusif de mesurer toutes les huîtres apportées au marché. Le mesurage des huîtres est obligatoire et donne lieu, comme il a été dit plus haut, à la perception d'un droit d'un demi-denier par boisseau au profit de la Cité. On évalue à 75,000 francs (3,000 livres sterling) la somme que ce droit rapporte à la ville, année moyenne. Le commerce a élevé, paraît-il, d'assez vives réclamations contre le mesurage obligatoire, moins à cause des droits auxquels il donne lieu, qu'en raison des entraves qu'il occasionne; mais cette perception, qui a une origine fort ancienne, a été maintenue malgré ces plaintes.

Mesurage obligatoire des huîtres.

Les porteurs qui opèrent le chargement et le déchargement des bateaux ou des voitures qui se rendent au marché sont privilégiés et institués par

Porteurs nommés par la corporation.

la corporation de Londres; ils sont désignés sous le nom de compagnons porteurs (*fellowships porters*). Les conditions requises pour leur admission sont assez sévères; on exige qu'ils aient un ménage (*house hold*), et qu'ils présentent certaines garanties de moralité. S'ils perdent quelque objet qui leur est confié, ou s'ils se montrent infidèles dans l'exercice de leurs fonctions, ils sont rayés de la liste des *fellowships porters*.

Commissionnaires au poisson.

Les ventes en gros, au *Billingsgate market*, se font comme sur les autres marchés, par l'entremise de commissionnaires (*salesmen*) auxquels le poisson est consigné, et qui le vendent moyennant une commission de 3 à 5 p. o/o. Ces intermédiaires ne sont pas limités de nombre; on en compte une centaine environ qui fréquentent chaque jour le marché.

Ils ne forment pas d'association particulière, mais ils font presque tous partie d'une société ayant une sphère beaucoup plus générale, et qui porte le nom de *mercantile marine association*, dont l'objet embrasse non-seulement les intérêts du commerce spécial du poisson, mais encore tout ce qui touche au service de la navigation et du commerce maritime.

Vente aux enchères.

Le mode de vente de ces intermédiaires, au *Billingsgate market*, présente des particularités assez curieuses; ils se tiennent devant une sorte de comptoir improvisé (*stand*); les *fellowships porters* apportent le poisson, soit par pièces, soit dans des paniers, soit en barils; il se forme un cercle d'acheteurs, et il s'établit une véritable enchère (*auction*) ascendante sur la mise à prix fixée par le *salesman*. Ces enchères se font avec une extrême rapidité; en quelques instants, l'adjudication est prononcée et le prix payé comptant. Il se fait aussi, mais rarement, quelques ventes à crédit; dans ce dernier cas, le prix doit ordinairement être remis le lendemain. Le poisson, placé dans des paniers ou barils, est acheté au jugé, sur la simple déclaration du vendeur; mais, si le poisson ainsi vendu se trouve être d'une qualité inférieure à celle annoncée, l'acheteur a le droit de rompre le marché; il rapporte le poisson, et le commissionnaire (*salesman*) est tenu de rendre l'argent. Ces différends sont assez rares, par suite de la bonne foi qui préside aux opérations des *salesmen;* lorsqu'il s'élève quelque contestation, elle est ordinairement portée devant le receveur du marché, qui juge comme arbitre; on appelle très-rarement de ses décisions.

Les ventes des *salesmen* commencent vers cinq heures ou cinq heures et demie du matin, et à dix heures au plus tard leurs opérations sont terminées.

Les commissionnaires au poisson font, pour la plupart, des affaires très-importantes et réalisent des bénéfices considérables. Généralement, chacun a sa spécialité : les uns s'occupent des ventes de harengs, les autres de celles de saumons, d'huîtres, etc.

On m'a cité un commissionnaire qui, pendant les six mois que dure la saison du saumon, reçoit en moyenne, par jour, 100 boîtes contenant chacune 7 livres de ce poisson.

Un autre vend chaque année pour 50,000 livres sterling (1,250,000 francs) d'huîtres.

Le jour où j'ai visité Billingsgate, un des commissionnaires qui y étaient installés m'a dit avoir reçu et vendu, dans la matinée, 180 barils d'une contenance de 2 quintaux anglais chacun et remplis de sardines et de harengs (180 quintaux métriques environ).

Les *salesmen* ne vendent pas directement aux marchands de poisson de Londres; il se trouve entre les deux commerçants un intermédiaire désigné sous le nom de *bummaree*. La signification de ce mot est tout à fait inconnue, même à *Billingsgate market*, et c'est une qualification qui paraît s'être transmise depuis une époque déjà fort éloignée.

Bummarees. Les *bummarees* sont des spéculateurs d'une espèce particulière, qui viennent de très-grand matin acheter, sur une large échelle le poisson vendu par les *salesmen*, pour le revendre par petites quantités aux marchands de poisson (*fish mongers*). Il y a dans ce commerce une sorte d'*alea*, parce qu'à l'heure où ils se présentent, il n'est pas toujours possible de se rendre compte de l'importance des approvisionnements du jour : leurs prévisions se trouvent souvent dérangées par l'arrivage tardif et inattendu de quelques bateaux ou de wagons chargés de poisson.

Ces intermédiaires n'ont aucun caractère officiel, et leur apparition matinale sur le marché ne résulte nullement de dispositions réglementaires qui établissent à leur profit un privilége quelconque; elle est seulement le résultat d'une pratique fort ancienne. Le concours de ces *bummarees* facilite d'ailleurs et accélère beaucoup les opérations des *salesmen*, qui peuvent ainsi terminer très-rapidement leurs affaires et trouvent des garanties de solvabilité plus grandes chez les *bummarees*, qu'ils n'en rencontreraient chez des détaillants.

Marchands de poisson de Londres.

Les marchands de poisson établis dans Londres viennent ensuite s'approvisionner à Billingsgate, et achètent le plus ordinairement aux *bummarees*.

Vente au détail à Billingsgate.

Lorsque ces marchands sont pourvus et que la vente en gros est achevée, la vente au détail commence et dure jusqu'à deux ou trois heures de l'après midi. Les débitants installés sur le marché forment une sorte de population nomade, qui, suivant les circonstances, se livre au commerce du poisson, des légumes, de la volaille, etc., modifiant leurs opérations suivant que telle ou telle branche paraît offrir plus ou moins d'avantages.

Il se fait, dans les rues de Londres, notamment dans les quartiers populeux, un commerce ambulant de poisson; mais les qualités ainsi vendues laissent généralement beaucoup à désirer, excepté cependant aux époques de bas prix, et lorsque les approvisionnements sont abondants.

Billingsgate a été, de tout temps, le principal et pour ainsi dire le seul marché pour la vente du poisson; les établissements rivaux qu'on a essayé de lui opposer n'ont pu se soutenir.

Hungerford market.

Tel a été notamment le sort du marché de Hungerford, dans le West-End, qui paraissait cependant dans les meilleures conditions pour réussir, à cause de sa situation sur les bords de la Tamise, au milieu d'un quartier aristocratique; fondé en 1831, par une compagnie qui avait obtenu du Parlement les pouvoirs nécessaires pour réaliser cette création, et qui l'avait pourvu de vastes magasins destinés à servir d'entrepôt pour le poisson, le marché d'Hungerford s'est transformé peu à peu en marché au détail: aujourd'hui même il est à moitié abandonné, et les boutiques qui restent ouvertes sont remplies de denrées et de marchandises de toute nature. Il est question de supprimer complétement ce marché, et la compagnie à laquelle il appartient propose d'affecter l'emplacement à la création d'une gare de chemin de fer.

Mode de vente à Billingsgate.

Le mode de vente en gros varie, à Billingsgate, avec la nature du poisson : les huîtres sont vendues au boisseau, le saumon à la livre, les anguilles au poids, les barbues au panier, la morue fraîche à la pièce; au détail, ce dernier poisson est vendu à la livre; les crevettes au gallon (4 litres et demi); le turbot et les autres gros poissons à la pièce, de même que la morue.

Prix de vente.

Les prix en gros varient dans une très-notable proportion d'un jour à l'autre, suivant l'abondance ou la pénurie relative des approvisionnements.

A la fin de novembre 1859, la morue fraîche (*codfish*) valait en moyenne 4 shillings la pièce; le poids étant d'environ 12 à 15 livres, c'était un prix par livre d'environ 4 deniers en moyenne (90 centimes le kilogramme); au détail, elle se vendait 6 deniers (1 fr. 40 cent. le kilogramme).

Le prix de la morue en gros était alors considéré comme assez bas; cependant il descend quelquefois jusqu'à 2 shillings la pièce; au contraire, dans certaines circonstances où la consommation en devient plus importante, on a vu le prix s'élever jusqu'à 20 et 25 shillings la pièce.

Les huîtres se vendaient 36 shillings environ le boisseau (124 francs l'hectolitre environ); au détail, le prix était de 6 à 7 deniers la douzaine (0 fr. 625 à 0 fr. 730).

Le turbot coûtait en moyenne, à Billingsgate, 9 shillings la pièce (11 fr. 25 cent.); les anguilles, 7 deniers (72 centimes) la livre; les soles, 1 shilling (1 fr. 25 cent.) la paire; le homard, 1 shilling 6 deniers la pièce (1 fr. 90 cent.), et au détail, 2 shillings à 2 shillings 6 deniers (2 fr. 50 cent. à 3 fr. 15 cent.).

Au marché d'Hungerford, où les ventes se font au détail, le poisson salé valait en moyenne 6 deniers (0 fr. 625) la livre; le hareng saur, 1 denier (10 centimes) la pièce; les sardines, par paquet de sept, 1 denier (10 centimes). En boîtes, les sardines à l'huile coûtaient 1 fr. 25 cent.; le crabe, 6 deniers (0 fr. 625) la pièce; la merluche, 8 deniers (0 fr. 80 cent.) la pièce, etc.

FRUITS ET LÉGUMES.

Marchés aux légumes de Londres.

Il y a, à Londres, quatre marchés principaux pour la vente en gros des fruits et légumes; ce sont ceux de Covent-Garden, de Borough, de Spitalfield et de Farringdon.

Covent-Garden.

Le marché de Covent-Garden, de tous, à beaucoup près, le plus important, est situé dans le West-End, entre l'église Saint-Paul-Covent-Garden et le théâtre du même nom; il appartient au duc de Bedfort. Il y a plusieurs siècles déjà que cet emplacement est affecté à la vente des fruits et légumes; mais l'édifice actuel a été reconstruit en 1829.

Sous le rapport de l'appropriation intérieure et de la facilité des abords, Covent-Garden est certainement l'un des marchés de Londres qui présente les meilleures dispositions.

Dans son ensemble, il a la forme d'un vaste quadrilatère, dont le centre, entièrement découvert, constitue une sorte de square dallé, spécialement affecté à la vente en gros des légumes. Une rangée de bâtiments entoure de tous côtés cette cour intérieure; deux de ces bâtiments, ceux du nord et du sud, contiennent les boutiques dans lesquelles a lieu la vente des fruits, des pommes de terre et de quelques autres denrées. Devant ces boutiques se trouve une galerie couverte servant de passage; les deux autres bâtiments, situés aux deux extrémités est et ouest, sont disposés en péristyles ou galeries, et offrent un emplacement couvert pour la vente de certains fruits, tels que les pommes, les poires et autres, et de quelques légumes.

Les bâtiments du nord et du sud sont percés de larges allées par lesquelles la circulation s'opère très-facilement; ils sont en outre bordés à l'extérieur de vastes trottoirs près desquels viennent se placer les voitures qui apportent des denrées au marché.

Un espace suffisant pour laisser passer trois voitures de front, est ménagé entre le marché et les maisons situées sur la place où il est établi. Quatre rues assez larges, pratiquées à l'est, à l'ouest et au sud, donnent accès aux voitures.

Règlements applicables à Covent-Garden.

Le marché de Covent-Garden a été réglementé par un très-grand nombre d'actes du Parlement, dont le dernier remonte à 1828 (9, George IV, c. 113). Cette loi a constaté et maintenu tous les droits du duc de Bedfort à la propriété de ce marché, et l'a investi de tous pouvoirs pour y percevoir des taxes sur les denrées, des droits de place, et prendre toutes les mesures jugées nécessaires dans l'intérêt du bon ordre et de la salubrité.

Voici le résumé des dispositions réglementaires qui concernent ce marché.

Jours de marché.

La vente en gros a lieu trois fois par semaine, les mardi, jeudi et samedi; ce dernier jour est le plus important; le reste de la semaine le marché est ouvert, mais pour la vente au détail seulement. Toute vente est absolument interdite pendant la journée du dimanche.

Les arrivages des voitures qui amènent des denrées au marché doivent se faire entre une heure du matin et une heure de l'après-midi; il est interdit de faire des apports en dehors de ces limites.

Toutes les personnes qui apportent des denrées

au marché doivent faire, à l'inspecteur, la déclaration des quantités et espèces de chacune de ces denrées, afin que la perception des droits puisse avoir lieu régulièrement. Le placement des objets doit d'ailleurs s'accomplir conformément aux indications de cet inspecteur. L'exposition en vente n'est autorisée qu'après le payement effectué de tous les droits et taxes dûment établis.

Il est interdit de laisser stationner des voitures vides aux abords des marchés, de conserver des paniers ou boîtes vides sur les emplacements affectés à la vente, de jeter des débris et épluchures sur le marché.

Toutes ces prescriptions sont sanctionnées par des amendes qui varient de 5 à 40 shillings (6 fr. 25 cent. à 50 francs). Des peines analogues sont en outre établies contre ceux qui troubleraient l'ordre sur le marché, soit par des rixes, des cris, des rassemblements ou par tout autre acte, de quelque nature qu'il soit.

Porteurs nommés par le duc de Bedfort.

Le chargement et le déchargement des marchandises est opéré par des porteurs ou porteuses nommés par le duc de Bedfort, et dont l'emploi est obligatoire. Ces porteurs, au nombre d'environ 600, doivent être munis de livrets qui leur sont délivrés par l'inspecteur du marché moyennant une rétribution de 1 shilling 6 deniers (1 fr. 90 cent.) En cas de perte ou de lacération du livret, pareille somme doit être payée par le porteur pour en obtenir le renouvellement. Tous ces livrets portent un numéro d'ordre; on y inscrit le nom et l'adresse du porteur. Tout porteur qui exerce sur le marché sans avoir rempli ces formalités est passible d'une amende de 5 shillings (6 fr. 25 cent.); l'emplacement sur lequel ces porteurs et porteuses doivent se tenir est déterminé, et ils ne peuvent s'en écarter sous peine d'une semblable amende.

Droits de place et autres.

Le duc de Bedfort perçoit sur le marché des droits de place et des taxes applicables au marché et exposées en vente.

Ces droits sont réglés d'après un tarif annexé à l'acte du Parlement de 1828, et varient suivant la situation des emplacements occupés, soit qu'il s'agisse de boutiques, de places couvertes ou découvertes existant à l'intérieur ou à l'extérieur du marché.

La moyenne des taxes est d'environ 1 denier par boisseau (27 cent. 5 par hectolitre). Le prix de location des boutiques est de 50 livres sterling par an (1,250 francs); des marchandises restées invendues peuvent être ou remportées par les propriétaires ou laissées sur le marché même moyennant le payement d'un droit supplémentaire de quelques deniers par jour.

Les produits bruts du marché de Covent-Garden s'élèvent à environ 10,500 livres sterling

(262,500 francs). Les frais d'exploitation absorbent environ les deux cinquièmes de cette somme.

Au marché de Covent-Garden sont attachés un inspecteur (*superintendant*), chargé de la police du marché et de la surveillance des denrées qui y sont apportées, deux receveurs (*collector*) des taxes et trois agents inférieurs ou *beadles*.

Marché aux fleurs.

Un emplacement spécial est affecté à la vente des arbustes et des fleurs à Covent-Garden, mais cette partie du marché doit être prochainement déplacée pour être portée dans une sorte de serre que le duc de Bedfort fait construire d'après le modèle du Palais de Cristal, près du théâtre de Covent-Garden.

Après Covent-Garden se placent, sur une ligne à peu près égale, les deux marchés de Spitalfield et de Borough.

Spitalfield market.

Spitalfield market, situé en dehors, mais sur les confins de la Cité, dans un quartier pauvre et très-populeux, est la propriété d'un particulier, M. John Sperling; il a été créé en vertu de lettres patentes il y a environ deux siècles, et n'a pas été l'objet d'actes législatifs.

Dispositions générales.

Ce marché se compose de quatre rangées de boutiques séparées les unes des autres par des allées très-étroites. Ces constructions, déjà fort anciennes, ne paraissent pas en très-bon état; les voitures ont peine à circuler sur la place même où le marché est établi, et elles stationnent généralement dans les rues voisines, notamment dans celles de *Commercial street* et de *White Chapel,* les plus larges de toutes.

Prescriptions réglementaires.

Des mesures de police analogues à celles qui s'appliquent à Covent-Garden ont été adoptées pour ce marché.

Porteurs.

Les porteurs qui opèrent le chargement et le déchargement des denrées ne sont pas, comme ceux de Covent-Garden, munis de livrets, mais ils reçoivent de l'inspecteur une autorisation verbale d'exercer; leur nombre du reste n'est pas limité; le prix qui leur est payé pour le chargement et le déchargement est, en moyenne, de 6 deniers à 1 shilling (0 fr. 625 à 1 fr. 25 cent.) par voiture attelée d'un seul cheval, et 1 shilling 6 deniers (1 fr. 90 cent.) par wagon attelé de deux chevaux ou plus.

Du reste, ces prix sont facultatifs, et la concurrence qui s'établit entre les porteurs les fait souvent changer.

Il n'y a sur ce marché qu'un inspecteur, qui est en même temps chargé de la perception des rentes et taxes; il n'a pas sous ses ordres d'agents inférieurs officiellement institués : ce sont les porteurs qui font, sous son autorité, la police du marché.

Distribution des places

Les places sont, de même qu'à Covent-Garden, distribuées par l'inspecteur, qui a le droit d'admettre ou de refuser les personnes qui se présentent; il n'a à en référer qu'au propriétaire du marché. Toute admission est généralement précédée d'une enquête sur la moralité et le caractère des candidats.

Le prix de location des places ou boutiques de ce marché est ordinairement de 4 livres sterling par an (100 francs); le droit de stationnement pour les voitures chargées est de 6 à 9 deniers (62 cent. à 93 cent.) pour les voiturés à deux roues (*carts*) et 1 shilling à 1 shilling 6 deniers (1 fr. 25 cent. à 1 fr. 90 cent.) pour celles à quatre roues (*waggons*). Les taxes sur les denrées exposées en vente varient suivant la nature des marchandises.

En vertu d'un privilége dont l'origine est fort ancienne, tous les maraîchers d'Enfield et de quelques autres localités dépendant des domaines du duc de Lancastre peuvent envoyer leurs denrées au marché de Spitalfield sans payer aucune taxe ni redevance.

Des conventions particulières intervenues entre le propriétaire du marché et les personnes qui fréquentent le marché modifient souvent les conditions du tarif ordinaire et affranchissent même les denrées des taxes, en ne laissant subsister que les droits de place. Ces concessions sont faites en vue surtout d'encourager et d'augmenter les apports sur le marché.

Dans un but analogue, le propriétaire du marché ne perçoit aucun droit de garde pour les objets invendus qui sont laissés sur l'emplacement du marché.

Le marché de Spitalfield est ouvert tous les jours, excepté le dimanche; mais la vente en gros n'a lieu que trois fois par semaine : les mardi, jeudi et samedi. La vente au détail comprend non-seulement les fruits et les légumes, mais encore le gibier, la volaille, la viande et les marchandises de toute espèce.

Les denrées vendues à ce marché sont généralement moins chères qu'à Covent-Garden, mais on n'y trouve pas de marchandises de choix comme sur ce dernier marché.

Le commerce des pommes de terre est très-important dans les environs de *Spitalfield market.* Ce commerce est exercé par des commissionnaires établis dans des magasins situés dans les alentours du marché ou dans les rues adjacentes.

Borough market.

Borough market est situé dans le *Southwark* (rive droite de la Tamise), près du *London bridge* et de l'embarcadère du chemin de fer du sud-est (*South Eastern*). Il est la propriété de la paroisse de Saint-Sauveur (*Saint Saviour*) qui en confie la direction et l'administration à des commissaires institués par elle (*trustees*).

Dispositions générales.

Ce marché se compose de deux parties distinctes : Un bâtiment couvert, présentant dans son ensemble la forme d'un quadrilatère irrégulier, contient des rangées de boutiques séparées par des allées assez étroites. Devant ces bâtiments existe une place entièrement découverte où peuvent stationner les voitures chargées, et où se tiennent aussi des marchands pour vendre leurs denrées.

Les jours de grand marché, de longues files de voitures sont, en outre, rangées dans toutes les rues voisines, notamment dans la rue Haute (*High street*).

La vente au détail, qui comprend, non-seulement les fruits et légumes, mais encore les marchandises et denrées de toutes espèces, a lieu tous les jours. La vente en gros se fait trois fois par semaine, comme à Covent-Garden et à Spitalfield, les mardi, jeudi, samedi.

Dispositions réglementaires.

Des règlements analogues à ceux qui existent pour Covent-Garden ont été faits par les commissaires de *Borough market* en vertu des pouvoirs conférés à la paroisse de Saint-Sauveur par de nombreux actes du Parlement, notamment 4, Guillaume IV, c. 45 (1833); 1, Victoria, c. 114 (1837).

Des droits de place et des taxes ont été établis en vertu des mêmes pouvoirs.

Les boutiques, louées à l'année, sont concédées aux impétrants après enquête par les commissaires du marché, qui peuvent accepter ou refuser la demande. Le prix de la location de ces places se règle par des conventions particulières et n'est pas soumis à des règles fixes.

Quant aux places situées dans la partie découverte du marché, elles se louent ordinairement à tant par jour et sont distribuées par l'inspecteur du marché.

Les taxes (*tolls*) sur les denrées sont réglées d'après un tarif dont les bases ont été approuvées par acte du Parlement.

Droits de place et autres taxes.

Toutes personnes qui apportent des denrées au marché sont tenues de payer les droits de place ; mais, pour les taxes, il est accordé des réductions aux maraîchers (*growers*) qui viennent eux-mêmes vendre leurs produits; ces réductions, qui s'élèvent en moyenne à 4 deniers (40 centimes) par chariot à deux roues (*carts*), sont destinées à favoriser les apports de cette nature pour augmenter l'achalandage du marché. Tous les droits établis au *Borough market* sont perçus au profit des pauvres de la paroisse de Saint-Sauveur. Ces produits sont affermés pour un an ou deux ans à un receveur qui en opère le recouvrement à ses risques et périls, et paye à la paroisse une somme fixe annuelle, dont un quartier doit toujours être versé par avance.

Porteurs.

D'après les règlements établis par les commissaires du marché, le chargement et le déchargement des denrées devraient se faire par des porteurs privilégiés, institués par eux et munis de livrets ;

mais, en fait, cette prescription n'est pas exécutée; il n'y a pour tout le marché que cinq porteurs ayant ce caractère officiel; les autres, qui sont en beaucoup plus grand nombre, sont librement choisis par ceux qui les emploient.

Le *Borough market* doit être aggrandi et prolongé jusqu'à *High street*; cet élargissement aura le grand avantage de faciliter beaucoup l'accès du marché, dont les abords, du côté de cette rue, sont actuellement assez incommodes.

Farringdon market.

Farringdon market, situé dans *Farringdon street*, à l'extrémité ouest de la Cité, appartient à la corporation municipale de Londres. Il existait précédemment dans *Fleet street* et a été déplacé en vertu d'un acte du Parlement du 29 mai 1830 (11, George IV, c. 64).

Ce marché assez vaste contient environ 80 boutiques couvertes, indépendamment des places découvertes qui en occupent la majeure partie. Il est d'un accès pénible pour les voitures, parce que son entrée principale s'ouvre sur *Cutler street*, rue très-montueuse et dont la pente est fort rapide. Le marché de Farringdon, depuis son déplacement, a perdu beaucoup de son importance et a très-peu d'intérêt aujourd'hui comme marché d'approvisionnement. Au détail, on y vend toutes espèces de marchandises; des droits de place et des taxes (*tolls*) sont perçus sur ce marché au profit de la corporation municipale; l'ensemble des produits bruts du marché s'élève chaque année à 1,000 livres sterling et suffit à peine à couvrir les frais d'entretien, sans compter les intérêts des capitaux employés pour la construction du marché.

Le personnel du marché de Farringdon comprend : un receveur (*collector*), nommé par le comité des marchés, aux appointements de 140 livres sterling par an (3,500 francs); un constable, dont le salaire est de 1 livre sterling 15 shillings par semaine, et un gardien qui reçoit 1 livre sterling 5 shillings par semaine (31 fr. 25 cent.).

Les fonctions du receveur sont analogues à celles des autres préposés des marchés de la Cité. Il veille, comme eux, à la salubrité des denrées, au bon ordre du marché, propose les candidats pour la location des places, fait la perception des droits.

Mais il résulte des renseignements qui m'ont été transmis par le *clerk* de la corporation de Londres, que, au nombre des obligations imposées au receveur de *Farringdon market*, il s'en trouve une d'une nature toute particulière. Ce fonctionnaire est obligé de faire assurer sa vie pour une somme de 100 livres sterling (2,500 francs) au moins; il est tenu de remettre chaque année au *contrôleur de la chambre* la quittance de sa prime d'assurance.

Marchés de détail.

Après les marchés dont il vient d'être parlé, il y a à Londres un certain nombre de marchés de détail dont je m'occuperai plus loin d'une manière spéciale.

L'approvisionnement des marchés de Londres, en légumes, se fait en grande partie par les maraîchers des environs, dans un rayon de 15 à 20 milles (25 à 30 kilomètres).

Mode d'approvisionnement de Londres en légumes.

Toute la campagne qui entoure la capitale est couverte de champs spécialement affectés à ces productions, et l'on se ferait difficilement une idée de l'ingénieuse activité avec laquelle les jardiniers tirent parti du sol. Ils varient à l'infini les cultures, suivant les saisons; chaque plante ne reste en terre que le temps rigoureusement nécessaire pour donner ses produits, et est immédiatement remplacée par une autre : ainsi aux choux succèdent les choux-fleurs, le céleri; puis viennent les oignons, les pois, etc.; au milieu de ces plantes se dressent les arbres fruitiers, qui ne tiennent que la place strictement indispensable; la fumure et les engrais, et un travail d'une incroyable énergie permettent d'ailleurs d'obtenir des produits précoces et abondants. Les maraîchers envoient généralement leurs denrées au marché dans de grands chariots à quatre roues, attelés de deux ou quatre chevaux, et conduits par un voiturier qui est spécialement attaché à leur service, et qui n'a d'autre emploi que de faire ces voyages. Les voitures partent de la ferme,

Maraîchers des environs.

dans l'après-midi, la veille des jours de marché, de manière à arriver à destination vers deux ou trois heures du matin; les marchandises sont déchargées par les porteurs; une fois rangées sur la place qu'elles doivent occuper, le voiturier laisse la voiture vide dans une des rues adjacentes, et va mettre les chevaux à l'écurie, dans une auberge du voisinage; puis, vers deux ou trois heures de l'après-midi, il repart en remportant de Londres toutes les provisions et autres objets qui peuvent être nécessaires à l'exploitation, et notamment des engrais naturels ou artificiels provenant des fabriques établies dans Londres, du fumier des laiteries, etc.

Les denrées ainsi apportées des campagnes environnantes ne proviennent pas toujours de la culture même des expéditeurs : ceux-ci y ajoutent souvent les productions de leurs voisins qu'ils achètent directement sur pied : parfois aussi plusieurs jardiniers ou maraîchers se réunissent pour entretenir un voiturier qui fait leur service commun; enfin des marchands vont ramasser dans les campagnes ou sur les marchés les denrées qu'ils amènent à Londres. On n'exige, sur les marchés de la métropole, aucun certificat d'origine pour l'admission des denrées, mais sur quelques marchés secondaires, tels que ceux de Borough, Spitalfield et Farringdon, les apports des producteurs sont favorisés, comme je l'ai dit, par des exemptions ou des réductions de tarif; à Covent-Garden, où l'approvisionnement est beaucoup plus large, et où les arrivages se font spontanément sur une très-large échelle, il n'existe pas de dispositions semblables en faveur des producteurs (*growers*).

Mode de vente.

La vente en gros des denrées apportées sur les marchés des campagnes voisines s'opère tantôt par les agents des expéditeurs, tantôt par les porteurs du marché, tantôt par les producteurs qui accompagnent eux-mêmes leurs marchandises : à Covent-Garden, les porteurs, qui sont très-souvent chargés de la vente, reçoivent, en général, pour ce service un salaire fixe de 1 shilling (1 fr. 25 cent.) par jour, indépendamment des primes qui leur sont accordées, lorsqu'ils vendent dans de bonnes conditions.

Les maraîchers et jardiniers les plus considérables des environs de Londres confient souvent aussi leurs marchandises à des commissionnaires (*salesmen*). Le nombre des intermédiaires se livrant au commerce des fruits et légumes dépasse cent vingt; mais les denrées qu'ils reçoivent leur sont envoyées surtout des comtés éloignés et de l'étranger.

Envois de l'étranger.

Pour les fruits et légumes, de même que pour les autres objets d'alimentation, le développement des chemins de fer a élargi, dans une très-grande proportion, le rayon d'approvisionnement de Londres. L'abaissement des tarifs de douane n'a pas peu contribué, d'ailleurs, à augmenter les expéditions faites par l'étranger à la métropole, et maintenant la France, la Belgique, la Hollande, l'Espagne, l'Algérie y envoient chaque jour leurs produits pendant presque toute la durée de l'année. Les arrivages se font surtout par la Tamise et par les chemins de fer du sud-est et du sud-ouest (*South Eastern* et *South Western*); les marchandises sont déposées dans les magasins situés près du pont de Londres, ou envoyées directement sur les marchés. Au reste, on peut se rendre compte de l'importance des envois annuels de l'étranger par les chiffres suivants, empruntés aux relevés officiels de la douane anglaise, pour 1858 :

IMPORTATION À LONDRES.

Pois et haricots (*peas*)...	91,419 *cwts.*	46,441 q. métr.
Fèves (*beans*)..........	70,198	35,660
Raisins de Corinthe (*currants*).............	410,696	208,632
Citrons, oranges.......	428,028 *bushels.*	156,030 hectol.
Raisins..............	232,340 *cwts.*	118,027 q. métr.

Dans ces relevés ne figurent ni les poires, ni les pommes, ni les pêches de France, ni les melons, et autres fruits d'Espagne, dont les apports à Londres atteignent cependant des chiffres très-considérables.

Ventes par les *salesmen.*

Les articles les plus importants vendus sur les marchés, par l'intermédiaire des *salesmen*, sont:

pour les légumes, les pois et fèves, et les différents objets désignés par le nom générique de verdure (*greens*); pour les fruits, les fraises, les groseilles et les raisins de Corinthe. Il y a tel *salesman* qui, dans la saison, occupe jusqu'à trois ou quatre cents femmes à écosser des pois.

Les carottes font aussi l'objet d'un commerce très-actif; trois *salesmen* se livrent exclusivement à la vente de ce produit à Covent-Garden.

Au marché de Farringdon, la vente du cresson prend, dans certaines saisons, des proportions incroyables; au reste, ce modeste produit se vend, à Londres, en telle abondance, que deux *salesmen* en ont fait leur spécialité à peu près exclusive.

Ventes par les *brokers*.

Une partie importante des fruits provenant des pays étrangers sont vendus en dehors des marchés, par l'entremise de courtiers (*brokers*); ces ventes se font aux enchères publiques, et se localisent dans des salles situées dans la Cité, dans *Fish street Hill*, non loin du pont de Londres. Les noix, les châtaignes, les pommes, les prunes, les poires, les melons, les oranges, les citrons, etc., se vendent en grandes quantités de cette manière. Les marchandises sont apportées en nature, et forment, paraît-il, dans ces salles ordinairement assez sombres, un amas bizarre de produits des contrées les plus diverses. La clientèle ordinaire de ces ventes publiques se compose surtout d'Irlandais et de Juifs, qui achètent aux enchères pour revendre ensuite aux détaillants des différents quartiers de Londres.

Ventes par les producteurs étrangers.

Quelques étrangers, notamment des Français, des côtes de Normandie et de Bretagne, ont pris l'habitude d'accompagner les marchandises (principalement les pommes) qu'ils envoient à Londres. Ils en font directement la vente, et se réunissent, dans ce but, en vertu d'usages déjà anciens, dans des magasins situés près de *Borough market.*

Commerce des pommes de terre. — Commissionnaires. — Association libre.

Le commerce des pommes de terre offre des particularités qui méritent d'être signalées : le tubercule ne se vend pas en général sur les marchés publics ; le commerce est à peu près complétement entre les mains de *salesmen* qui ont leurs magasins groupés dans certains centres principaux, plus spécialement près des marchés de Covent-Garden, Spitalfield et *Borough market.* Ces *salesmen*, au nombre d'environ deux cent cinquante, forment ensemble une association qui paraît assez fortement organisée, et qui a principalement un but commercial. Cette association, qui a un caractère entièrement libre, a pris, à l'égard des sacs contenant des pommes de terre, des dispositions analogues à celles signalées plus haut pour les sacs de blé et de farine. Par une délibération adoptée en 1854, il a été décidé que les sacs remplis de pommes de terre et appartenant aux *salesmen* ne seraient jamais laissés entre les mains des acheteurs, et seraient, immédiatement après la livraison faite, réintégrés entre les mains des propriétaires. Les commissionnaires se sont engagés à ne jamais se servir de sacs appartenant à des confrères, et à se prévenir respectivement des fraudes qu'ils viendraient à découvrir.

Toutes ces dispositions sont sanctionnées par une amende de 40 shillings (50 francs), applicable à chaque infraction.

Arrivage des pommes de terre par la Tamise.

Les pommes de terre qui arrivent par la Tamise sont soumises à un régime particulier : elles doivent être mesurées, avant le déchargement, par un mesureur juré (*sworn meter*) institué par la corporation municipale, et qui perçoit pour cette opération un droit de 1 denier (10 centimes) par sac d'un hectolitre et demi environ. Le déchargement se fait par des hommes placés sous les ordres du mesureur et payés à la journée; on estime que les frais de déchargement reviennent à environ 4 shillings (5 francs) par tonne. Une fois débarquées, les pommes de terre sont déposées dans des magasins particuliers (*warves*) placés sur les bords de la Tamise. Le plus grand nombre des magasins particuliers qui servent ordinairement au dépôt des pommes de terre est situé sur la rive droite du fleuve, non loin du *London bridge*. Les frais d'emmagasinage dans les *warves* sont ordinairement de 1 shilling environ par tonne et par jour. La durée du séjour y est, d'ailleurs, ordinairement fort courte, les pommes de terre amenées par mer se conservant difficilement, et devant être vendues dans un très-bref délai; elles sont achetées directement dans les magasins par les marchands de Londres pour être livrées ensuite à la consommation. Avant d'emmagasiner les pommes de terre, on les passe au crible pour choisir les plus belles et écarter celles qui peuvent être avariées. On calcule que tous les frais de déchargement, de mesurage, d'emmagasinage, etc., auxquels sont soumises les pommes de terre, depuis leur entrée dans le port de Londres jusqu'au moment de la vente, sont d'environ 10 shillings par tonne.

Les pommes de terre expédiées par chemins de fer et par les routes de terre, arrivent directement dans les magasins des commissionnaires ou restent déposées dans les gares mêmes; ces marchandises sont d'ailleurs exemptes de toutes les formalités auxquelles sont assujetties celles qui viennent par la Tamise.

Ventes dans les gares de chemins de fer.

Le chemin de fer *Great Northern* a créé, auprès d'une station située dans le West-End (*Kings' cross terminus*), d'immenses magasins spécialement affectés aux pommes de terre, et qui sont devenus un véritable centre commercial pour la vente de ces denrées. A côté des magasins et de plain-pied avec eux, on a placé des bureaux et comptoirs qui sont loués à des commissionnaires; la disposition des magasins est telle, que les pommes de terre peuvent y être directement déchargées des wagons et reçues dans les voitures des marchands, qui viennent faire leurs achats. Pendant la nuit, les pommes de terre arrivent en quantités énormes; les *salesmen* se réunissent le matin; les détaillants arrivent avec leurs voitures, et en très-peu de temps ventes et achats sont terminés. Ce mode de procéder évite des frais de transbordement et de transport, et produit ainsi des résultats également avantageux pour le commerce et le consommateur.

Ainsi, pour les pommes de terre, qui forment un des articles les plus importants de l'alimentation de Londres, on voit par ce qui précède combien le commerce sait varier ses combinaisons, suivant le mode d'arrivage de la denrée, pour opérer la distribution de ce produit dans les conditions les plus rapides et les plus économiques. C'est là un exemple frappant des avantages que procure la liberté commerciale.

Évaluation des quantités de légumes vendues à Londres.

Je reproduis ici, d'après M. Dodd, les évaluations données par M. Braithwaite Poole pour les quantités des principaux légumes annuellement vendus à Londres; je crois devoir faire remarquer que ce tableau ne comprend pas un certain nombre de légumes, tels que les melons, les citrouilles, etc., et que les estimations qu'il contient se rapportent à l'année 1850.

LÉGUMES (*VEGETABLES*).	COVENT-GARDEN.	AUTRES MARCHÉS.	TOTAL.
	tonnes.	tonnes.	tonnes.
Pommes de terre	72,000	66,000	138,000
Choux	30,000	50,000	80,000
Turneps	25,150	18,450	43,600
Oignons	12,500	24,350	36,850
Brocoli (espèce de chou-fleur)	400	31,550	31,950
Carottes	5,350	2,700	8,050
Navets	650	3,500	4,150
Pois, haricots, etc.	2,550	1,650	4,200
Concombres	50	2,150	2,200
Pétioles de rhubarbe	150	1,950	2,100
Laitues	350	1,700	2,050
Fèves (*beans*)	1,800	830	2,630
Céleri	350	450	800
Radis	50	700	750
Oignons d'Espagne	200	450	650
Asperges	160	100	260
Herbes diverses (*herbs*)	50	200	250
TOTAUX	155,360	206,230	361,590

Les seuls légumes mentionnés ci-dessus forment annuellement un total de 361,590 tonnes, soit 366,026,850 kilogrammes, ce qui représente une consommation individuelle de 140 kilogrammes par an ou de 380 grammes par jour.

Pour les fruits, les résultats sont relativement très-importants aussi.

FRUITS.	COVENT-GARDEN.	AUTRES MARCHÉS.	TOTAL.
	tonnes.	tonnes.	tonnes.
Pommes	9,060	8,150	17,150
Poires	5,760	3,575	9,325
Groseilles à maquereau	3,500	3,400	6,900
Raisins de Corinthe	3,875	4,575	8,450
Prunes	515	537	1,052
Cerises	482	445	927
Fraises	300	400	700
Avelines	100	130	230
Noisettes	70	156	226
Mûres	8	46	54
Framboises	10	6	16
TOTAUX	23,610	21,420	45,030

Dans ces tableaux ne figurent pas les ananas, dont Londres tire une grande quantité des Antilles; les cocos, dont le commerce a pris une certaine importance depuis quelques années; les abricots, les pêches, les raisins, que la France et l'Espagne envoient en abondance, etc.

Oranges et citrons.

On n'y trouve pas non plus les oranges et les citrons, qui sont cependant à Londres l'objet d'un commerce énorme; on évalue à 100 millions le nombre des oranges consommées dans la métropole; un quart environ se débite dans les rues et les théâtres, le reste est vendu chez les marchands de la ville. On estime en outre à 20 millions le nombre des citrons qui forment l'approvisionnement de Londres.

Montant des ventes de fruits, etc

La valeur totale des fruits et légumes vendus à Londres s'élèverait, d'après des appréciations qui remontent à 1850, à 3 millions de livres sterling, soit 75 millions de francs. Si ce chiffre était vrai en 1850, on pourrait aujourd'hui le porter à près de 100 millions, à cause de l'augmentation qui s'est produite depuis cette époque dans cette branche importante du commerce d'alimentation.

Voici quelques-uns des prix que j'ai constatés sur les divers marchés de Londres que j'ai visités (fin de novembre 1859) :

Choux ordinaires, la douzaine, 1 shilling, 1 fr. 25 cent.;

Choux de Bruxelles, le boisseau, 10 shillings, 34 fr. 50 cent. l'hectolitre;

Épinards, le boisseau, 3 shillings, 10 francs l'hectolitre;

Pommes de terre, le boisseau, 3 shill. 6 den., 12 francs l'hectolitre;

Carottes grosses, la tonne, 37 shillings, 46 francs;

Navets, la tonne, 25 shillings, 31 francs;

Pommes de Kent, le boisseau, 7 shillings, 24 francs l'hectolitre;

Pommes de France, le boisseau, 6 shillings, 20 francs l'hectolitre;

Marrons gros, la pinte, 6 deniers, 1 fr. 20 cent. le litre;

Marrons petits, la pinte, 3 deniers, 60 centimes le litre;

Citrons, le cent, 5 shillings, 6 fr. 25 cent.;

Oignons d'Espagne, le cent, 12 shillings, 15 francs.

Raisins de Jersey, la livre, 7 shillings, 19 francs le kilogramme;

Cocos, le cent, 20 shillings, 25 francs;

Oranges, le cent, 4 shillings, 5 francs;

Pommes, la douzaine de 6 à 10 deniers, 60 centimes à 1 franc;

Poires, les plus grosses, la pièce, 3 deniers, 30 centimes;

Poires moyennes, la pièce, 2 deniers, 20 centimes;

Poires petites, 6 pour 8 deniers, 83 centimes.

Les fruits et légumes se vendent soit au poids, soit à la mesure (livre ou boisseau); mais on ne donne que le poids exact et la mesure rase, et il n'y a pas ordinairement, au profit de l'acheteur, de boni résultant d'habitudes commerciales.

FOURRAGES.

Règlements spéciaux pour la vente des fourrages.

La vente des fourrages à Londres est l'objet d'une réglementation assez rigoureuse. D'après les prescriptions contenues dans divers actes du Parlement, intervenus de 1796 à 1846 (36, George III, c. 88; 11, George IV, c. 14; et 9 et 10, Victoria,

c. 114), la paille et le foin ne peuvent être vendus sur les marchés de Londres et dans les localités qui l'entourent dans un périmètre de 30 milles, autrement que par bottes (*bundles or trusses*); le poids a été réglé par les mêmes actes : pour le foin, ce poids varie suivant les époques de l'année : du 31 août au 1er juin, la botte doit peser au moins 56 livres, et du 1er juin au 31 août, 60 livres. Chaque botte de paille doit être uniformément réglée à 36 livres. On désigne sous le nom de charge (*load*) un lot de 36 bottes de paille ou de foin.

Il est sévèrement interdit, sous peine d'amende, de vendre le foin ou la paille dans des conditions différentes de celles prescrites par les règlements. Toute manœuvre tendant à augmenter le poids par addition d'eau ou de substances quelconques est en outre rigoureusement réprimée. Il en est de même des fraudes consistant à vendre de l'avoine nouvelle pour de l'ancienne, etc.

Il existe à Londres plusieurs marchés pour les fourrages; le plus important existait autrefois dans une rue du West-End qui a conservé le nom de *Hay market* (marché au foin). En 1830, il a été déplacé en vertu d'un acte du Parlement, qui autorisait la construction des nouveaux marchés de Cumberland et d'*York square* (11, George IV, c. 14); mais, depuis cette époque, le principal marché aux fourrages a été tenu à Smithfield.

Marché aux fourrages de Smithfield.

Il avait lieu, concurremment avec le marché aux bestiaux, pendant tout le temps que ce marché a été maintenu sur cet emplacement. Lors de la translation à *Copenhague field*, il entrait dans les intentions de la corporation de Londres d'annexer à ce nouveau marché celui des fourrages, et les actes relatifs au *Metropolitan cattle market* avaient sanctionné ce projet; mais, de fait, il n'a pas reçu d'exécution, et les fourrages ont continué à être vendus à Smithfield. On a conservé sur cet emplacement tous les parcs et barrières qui y étaient précédemment, et les voitures de fourrages stationnent actuellement dans l'emplacement qu'occupait autrefois le gros bétail. Cette disposition est peu favorable, mais il est de nouveau question de déplacer le marché aux fourrages, l'emplacement de Smithfield devant être choisi pour le marché central de la viande que l'on se propose de créer: ce déplacement serait de nature, paraît-il, à amener une certaine transformation dans le commerce spécial des fourrages, qui manifeste déjà une tendance à abandonner les marchés, pour se concentrer dans les magasins particuliers.

Règlement.

Le marché aux fourrages se tient trois fois par semaine, les mardi, jeudi, samedi; l'ouverture a lieu de très-bonne heure, et les approvisionneurs peuvent arriver aussitôt qu'ils le veulent, mais à trois heures

(1) Enquête parlementaire de 1856.

de relevée, toutes les opérations sont terminées, et toutes les voitures doivent être enlevées le jour même, avant cinq heures, sous peine d'amende.

Droits de place.

La corporation municipale de Londres perçoit à ce marché des droits de 6 deniers (62 cent. 5) par *load* (36 bottes) de paille ou de foin exposé en vente. Le produit de ce droit a diminué depuis le déplacement du marché aux bestiaux; il était, avant cette mesure, d'environ 165 livres (4,125 francs) par an, et pendant les dernières années, il est descendu à 112 livres (2,800 francs).

En vertu d'anciens priviléges qui remontent au roi Jean, un certain nombre de fermiers peuvent envoyer leurs fourrages au marché sans payer de droits de place. Ces exemptions, qui résultent de concessions seigneuriales faites en vue d'acquérir le droit de chasse sur quelques domaines, donnent lieu, paraît-il, à des abus.

La police du marché et la perception des droits sont exercés par un agent spécial, nommé par la corporation municipale, et placé sous l'autorité du *collector* du marché métropolitain.

Marchés de White-Chapel, Cumberland et Hungerford.

Il y a à Londres trois autres marchés aux fourrages : l'un qui se tient dans les rues de *White-Chapel*, les mêmes jours que celui de *Smithfield;* l'autre à *Cumberland market*, et le troisième à *Hungerford market*. Celui de *White-Chapel* vient par ordre d'importance après celui de *Smithfield*. Il n'est perçu à ce marché qu'un droit de 3 deniers par *load* de paille ou de foin; il en est de même à *Cumberland market;* à *Hungerford* il n'existe aucune taxe.

Quantité de fourrages consommée à Londres.

La quantité moyenne de fourrages amenés à Londres chaque semaine a été évaluée à 3,000 *loads*. Mais, dans ce chiffre, le foin seul figure pour plus des deux tiers. C'est pour l'année un approvisionnement de 156,000 *loads* (5,616,000 bottes de 56 livres, — 1,460,232 quintaux métriques).

Le fourrage vendu à Londres provient soit des campagnes situées autour de Londres, dans un périmètre de 20 à 30 milles, et est amené au marché dans les voitures mêmes des cultivateurs; soit des comtés plus éloignés ou de l'étranger, et il est alors transporté par bateaux ou chemins de fer. Une partie des fourrages amenés par ces deux voies ne va pas sur les marchés, et reste en entrepôt dans des magasins particuliers pour être directement vendue aux marchands de Londres ou aux particuliers.

Commissionnaires aux fourrages.

Tous les fourrages apportés sur les marchés sont vendus par des *salesmen* spéciaux moyennant commission. Ces *salesmen*, au nombre de trente environ, résident dans les environs des marchés, et possèdent de vastes hangars dans lesquels les voitures qui apportent les fourrages peuvent être remisées. Les cultivateurs ont en effet l'habitude de laisser leurs voitures à Londres pendant l'intervalle d'un marché à l'autre. Pendant ce temps, les *salesmen* les font remplir d'engrais artificiels fabriqués à Londres, et, après le marché suivant, les voitures sont remmenées toutes chargées. De cette manière, les cultivateurs utilisent doublement les voyages qu'ils font, et en réduisent proportionnellement les frais.

A la fin de novembre 1859, les prix des fourrages en gros étaient, en moyenne : Prix des fourrages.

Paille, le *load* (36 bottes)	28^sh^0^d^	le quint. métr.	3^f^ 80^c^
Foin, le *load*	4 0		11 0

DENRÉES COLONIALES.

Parmi les denrées coloniales consommées à Londres, les plus importantes sont le thé, le sucre et le café.

L'usage du thé est très-répandu. Dans toute l'Angleterre, et plus particulièrement dans la métropole, toutes les classes de la population ont l'habitude d'en prendre plusieurs fois par jour, soit à leurs repas, soit en dehors. Les relevés de la douane anglaise portent à 68 millions de livres (31 millions de kilogrammes) la quantité de thé importé à Londres seulement. Pour une population de 2,600,000 habitants, cette quantité repré- Thé.

senterait une consommation moyenne de 11 kilog. 800 gr., chiffre évidemment excessif; et il est certain que la totalité du thé qui est introduit à Londres n'est pas destinée à la consommation de la métropole seule, et qu'une notable portion est envoyée dans les autres parties du Royaume-Uni ou même à l'étranger.

Sucre. Pour le sucre, on trouve des faits analogues. Les importations de sucre brut étranger, à Londres, se sont élevées, en 1858, à 5 millions environ de quintaux anglais (2,600,000 quintaux métriques). D'après ce chiffre, la consommation moyenne individuelle du sucre, à Londres, serait d'un quintal métrique par année, résultat certainement exagéré. Londres, étant, pour un très-grand nombre d'articles, un lieu d'entrepôt, alimente de son superflu une partie du Royaume-Uni; et pour le sucre, d'ailleurs, il y a, à Londres, un très-grand nombre de raffineries dont les produits sont expédiés au dehors. Du reste, il importe de rappeler que l'Angleterre ne produit pas de sucre de betterave, et qu'elle tire tout son approvisionnement en sucre soit des pays exotiques, soit de la France, de la Belgique et du Zollverein.

Les chiffres qui viennent d'être indiqués permettent seulement de se faire une idée de l'énorme mouvement commercial auquel ces deux seuls objets donnent lieu à Londres.

Le café ne joue qu'un rôle tout à fait secondaire dans l'alimentation anglaise; c'est une boisson infiniment moins populaire que le thé, et dont l'usage est assez limité, même dans les classes aisées. Les statisticiens anglais n'évaluent pas la consommation moyenne annuelle à plus d'une livre et demie à 2 livres anglaises par individu (680 à 900 grammes). Café.

Ces trois produits, de même que les autres denrées coloniales, sont généralement déposés dans les docks ou dans les magasins particuliers. J'ai déjà eu l'occasion d'indiquer les facilités que les docks présentaient au commerce sous le rapport du crédit : les magasins particuliers participent aux mêmes avantages. Avec le bulletin (*warrant*) constatant le dépôt dans ces établissements, les déposants peuvent, sans déplacer ni vendre leurs marchandises, obtenir des banquiers des avances qui vont jusqu'aux trois quarts de la valeur de ces objets; les *warrants* remis aux banquiers circulent comme les effets de commerce et se transmettent par le seul endossement. Mais le déposant conserve entre ses mains un autre bulletin (*weight note*) qui constate ses droits sur la marchandise, et c'est sur la représentation des deux pièces (le *warrant* et la *weight note*) que la marchandise peut être retirée du dock ou du magasin [1]. Dépôt dans les docks et magasins.

[1] Le mécanisme des *warrants* a été très-bien expliqué dans l'exposé des motifs de la loi sur les magasins généraux. (*Moniteur* des 28, 29 mars et 11 avril 1858.)

Mode de vente des denrées coloniales.

Le thé, le café, le sucre, le cacao, le poivre, le riz, etc., sont généralement vendus aux enchères publiques, dans les salles de vente situées pour la plupart dans les rues de la Cité désignées sous les noms de *Marck lane* et *Mincing lane;* ces ventes, ainsi que cela a été dit précédemment, se font par le ministère d'intermédiaires assermentés qui, pour la plupart, sont munis d'une commission de *broker,* délivrée par le lord maire, ou d'un brevet d'*auctionner,* donné par le gouvernement; leurs opérations, toutefois, ne sont soumises à aucun contrôle administratif. Ils peuvent vendre à l'amiable ou à la criée, comme ils le préfèrent, et n'ont de comptes à rendre qu'à leurs commettants. En dehors des ventes du *Mincing lane,* il se fait beaucoup d'affaires dans des *clubs* ou lieux de réunions, tels que le *Baltic Coffee-House,* qui appartiennent à des associations de commerçants, dont presque tous les *brokers* de denrées coloniales sont membres.

Les ventes aux enchères publiques du *Mincing lane* se font avec une incroyable célérité [1]. Voici quelques renseignements contenus à ce sujet dans l'ouvrage de M. Dodd :

« Les *brokers* connaissent personnellement la plupart des marchands en gros qui se présentent pour acheter. Dès qu'une vente est annoncée, les catalogues sont distribués; chacun tire son écritoire et

[1] Voir encore, pour les conditions de ventes publiques aux enchères, page 43.

ses plumes pour prendre des notes, et les enchères commencent.

« Il n'est peut-être pas, à Londres, de branche de commerce où les affaires se traitent avec une telle rapidité. Le *broker* connaît, à une faible fraction près, les cours probables de la journée; dès que les enchères ont atteint cette limite, il n'attend pas un instant; il frappe (*knocks down the lot*) immédiatement de son marteau et adjuge le lot; il peut ainsi, en une seule minute, faire plusieurs adjudications. Cet usage rend la manière d'enchérir très-remarquable; les marchands présents, les associés ou commis des maisons d'épicerie et de droguerie en gros, doivent se décider instantanément; il leur suffit de prononcer, même à voix basse, une seule syllabe, pour que le *broker* les entende. Il connaît le visage, la voix de chacun; pour un étranger, les enchères ne représentent qu'une mêlée convulsive (*convulsive stout*); pour le *broker*, c'est un nombre intelligible de shillings par quintal de *moscovado* ou de *plantation*, et de farthings par livre de riz ou de poivre. »

Les denrées coloniales sont le plus fréquemment vendues sur échantillons, les marchandises mêmes restant déposées dans des docks; les échantillons sont présentés aux enchérisseurs au moment de la vente. Quelquefois aussi, les marchandises sont examinées en masse dans les docks, et l'on n'apporte pas d'échantillons dans les salles mêmes. Dans le premier cas, la denrée doit être rigoureusement conforme à l'échantillon, sinon la vente est nulle. Il est d'usage cependant de consentir à une réduction de prix, quand il s'agit de denrées périssables, qui se sont avariées depuis le prélèvement de l'échantillon. Mais, quand les marchandises ont été visitées dans les docks avant la vente, il n'y a jamais lieu soit à résiliation, soit à des dommages et intérêts.

L'adjudicataire doit remettre, ordinairement, de suite ou dans un délai très-rapproché, un à-compte sur le prix; le *broker* lui donne en échange le bulletin du dock (*weight note*), indiquant le poids et la nature des denrées. Un délai est ensuite accordé pour le payement du surplus; c'est seulement après l'acquittement intégral du prix que le *warrant* est remis à l'acheteur. Jusqu'à l'expiration de ce délai, les objets restent aux risques et périls des consignataires, et les frais de magasinage sont à leur charge; mais si, au terme fixé (*prompt day*), le prix n'est pas payé, l'adjudication est déclarée nulle, et l'objet est remis en vente, soit à l'amiable, soit aux enchères, au gré du *broker*. Tous les frais sont, dans ce cas, supportés par le retardataire.

Lorsqu'il y a doute sur la personne qui a poussé le plus haut les enchères, la difficulté est résolue par un vote (*show of hands*) de l'assemblée; ou bien on laisse au *broker* vendeur le soin de décider quel doit être l'adjudicataire.

Les acheteurs sont habituellement tenus d'acquitter les droits de douane ou d'excise (*custom or excise dues*), mais la commission du *broker* et les frais de la vente restent à la charge du vendeur.

BOISSONS.

Bière.

La bière et l'eau-de-vie sont les deux boissons principales de Londres ; un statisticien que j'ai déjà eu l'occasion de citer plusieurs fois, M. Dodd, estime que la consommation moyenne par individu, dans le Royaume-Uni, peut être évaluée à 20 gallons de bière par an (90 litres), et à 1 gallon d'esprit (4 litres 5) ; mais il ajoute que, dans la métropole, ces proportions sont de beaucoup dépassées, surtout pour l'eau-de-vie.

La bière consommée à Londres est entièrement fabriquée dans la ville ou les environs, et l'importation du dehors est à peu près nulle. Mais la bière se compose, comme on sait, de malt (orge germée) et de houblon : le malt n'est pas fabriqué à Londres ; il est envoyé tout préparé aux brasseurs de la métropole [1]. Le houblon est l'objet d'un commerce considérable ; il se récolte principalement dans les comtés de Kent, de Surrey et de Sussex, et est

[1] Je rappelle ici que le gouvernement anglais perçoit un droit d'environ 5 shillings par *bushel* (17 fr. 36 cent. par hectolitre) sur le malt, et de 2 deniers par livre (44 centimes par kilogramme) sur le houblon ; les fabricants et les débitants de bière doivent, en outre, être muni de permissions (*licenses*) qui donnent lieu à la perception de taxes annuelles.

expédié par le chemin de fer du Sud-Est (*South Eastern*). La vente en gros se fait par l'intermédiaire de *salesmen* qui se groupent, pour la plupart, dans le Southwark, près du débarcadère du chemin de fer.

Londres possède des brasseries dont la réputation est séculaire; les maisons conservent leur nom et leur raison sociale, qui se transmettent indéfiniment aux acquéreurs successifs; on peut citer comme exemple les brasseries Barclay, Perkins, etc. dont les noms subsistent malgré le changement des propriétaires. Les plus importantes brasseries de Londres mettent en œuvre jusqu'à 150,000 quarters (425,000 hectolitres) de malt dans une année. On estime d'ailleurs que l'on peut produire, avec un quarter de malt, environ 108 gallons de bière (166 litres de bière pour un hectolitre de malt). D'après ces évaluations, les brasseries dont il s'agit fabriqueraient annuellement 705,500 hectolitres de bière.

Spiritueux.

Les spiritueux de provenance étrangère, importés à Londres, se sont élevés, en 1858, aux chiffres suivants :

Rhum.............	5,372,671 gallons.	24,388,880 litres.
Eau-de-vie..........	750,990	3,409,490
Genièvre...........	47,612	215,160

Ces produits, déposés dans les docks à leur arrivée à Londres, se vendent, comme les produits coloniaux, dans les salles commerciales du *Mincing lane*, par le ministère des *brokers* et des *auctionners*.

En outre, la quantité d'eau-de-vie fabriquée à Londres est très-considérable. Cette fabrication se concentre d'ailleurs dans un petit nombre d'établissements d'une importance énorme; il en est qui payent chaque année au gouvernement jusqu'à 100,000 livres (2,500,000 francs) de taxes. Le droit étant d'environ 2 francs par litre (8 shillings par gallon), cette redevance supposerait une fabrication de plus d'un million de litres par année.

La consommation du vin en Angleterre était restreinte jusqu'à ces derniers temps par les droits élevés qui frappaient ce produit à l'importation; mais le traité récemment conclu avec la France doit avoir pour résultat d'abaisser ces droits de douane dans une très-forte proportion et conséquemment d'augmenter les expéditions de notrepays. Vin.

En 1858, la quantité totale du vin importé dans le Royaume-Uni était de 6,700,000 gallons (30 millions de litres, sur lesquels 4,500,000 avaient été amenés directement à Londres (20 millions de litres). Ces vins se composaient, pour la majeure partie, de vins d'Espagne et de Portugal. Les vins de France, qui n'y étaient compris que dans une proportion beaucoup moindre, vont prendre une part plus large dans la consommation anglaise, par suite de la réduction des tarifs.

Tous ces vins sont déposés dans les docks, particulièrement dans le *London dock* et dans le *Saint-Katherine's dock*, qui contiennent d'immenses celliers destinés à recevoir ce produit.

Londres ne possède pas de marché ou de halle aux vins proprement dite. Il n'y a que les entrepôts qui viennent d'être indiqués; mais les marchands de vin en gros se groupent, pour la plupart, dans le voisinage de *Mincing lane, Mark lane* et de *Trinity square.*

Tous les vins et liquides qui entrent dans le port de Londres sont jaugés par un agent spécial (*deputy gauger*), qui est nommé par le conseil communal, et prête chaque année serment devant la cour de l'Échiquier. Les droits perçus au profit de la corporation de Londres pour le jaugeage des vins est de 4 deniers par tonne (6 centimes 5 par hectolitre). Le droit est réduit à la moitié (3 centimes 25) pour les vins du Rhin.

CHARBON.

Consommation du charbon à Londres.

La consommation du charbon de terre et du coke, les seuls combustibles employés à Londres, s'est accrue dans une énorme proportion depuis vingt ans, ainsi que le constatent les relevés ci-après. Les quantités consommées ont été successivement :

1822	1,693,672 tonnes métriques.
1832	2,183,384
1842	2,798,064
1852	3,804,920
1858	4,551,680

Pour une population de 2,600,000 habitants, la consommation actuelle (4,551,680 tonnes) représente une moyenne individuelle de 1,750 kilogrammes; dans ce chiffre se trouve compris le combustible employé à la fabrication du gaz d'éclairage.

Arrivages à Londres.

Le charbon introduit à Londres y arrive, pour la majeure partie, par la Tamise; le reste est transporté surtout par les chemins de fer; une faible quantité seulement vient par les canaux et les routes de terre. Voici, du reste, comment, en 1858, les arrivages se sont distribués entre ces divers modes de transport :

Voies de mer	3,318,000 tonnes.
Chemins de fer	1,209,000
Canaux et routes de terre	24,600
	4,551,600

Il n'a pas été employé moins de 10,600 bâtiments au transport des charbons arrivés par mer dans le port de Londres. Parmi les chemins de fer, ceux qui amènent à Londres les quantités les plus considérables de charbon sont : le *Great Northern* (530,000 tonnes en 1858), le *London and North Western railway* (490,000 tonnes), et le *Eastern Counties railway* (100,000 tonnes). Les autres lignes ne participent que dans une très-faible proportion à ce trafic.

Droits sur les charbons.

Tous les charbons amenés à Londres même, ou dans les lieux environnants, dans un rayon de 20 milles de l'hôtel des postes (*post office*), sont soumis à un droit de 13 deniers par tonne anglaise (1 fr. 33 cent. par 1,000 kilogrammes), quelle qu'en soit la provenance : cette taxe est perçue par les soins de la corporation municipale de Londres; elle se divise en deux parts : l'une, la plus considérable (9 deniers), est perçue au profit du trésor royal et est destinée au service des travaux publics, et plus particulièrement à ceux relatifs à l'entretien du pont de Londres (*London bridge*) et de ses abords; le reste du droit (4 deniers) est versé dans la caisse municipale. Ce droit de 4 deniers remplace actuellement le droit de mesurage, autrefois perçu au profit de la corporation, et supprimé en 1831.

Avant cette époque, le mesurage du charbon appartenait exclusivement à la corporation de la Cité de Londres, de même qu'aujourd'hui le mesurage des grains, des fruits, etc. lui appartient encore, en vertu des droits attribués au lord maire, en sa qualité de *conservateur de la Tamise*. Mais, en 1831, sur la demande du commerce et en vertu d'un acte législatif (1 et 2, Guillaume IV, c. 76), il a été décidé que les opérations du mesurage seraient remplies par des agents commerciaux. Il existe actuellement deux mesureurs publics (*public meters*) nommés par le commerce du charbon (*coal trade*); mais leur ministère n'est pas obligatoire.

Règlements concernant le commerce du charbon.

Le charbon entrant à Londres, ou dans un rayon de 20 milles de la Cité, doit être accompagné d'un certificat en double expédition, délivré par l'expéditeur, indiquant la quantité, la provenance et la qualité de ces charbons; à l'arrivée à Londres, un de ces certificats est remis à la douane (*Custom house*), puis présenté au *clerk* du marché au charbon, qui l'enregistre; l'autre expédition est envoyée au commissionnaire (*salesman*) chargé de la vente, qui remplit habituellement toutes les formalités nécessaires (payement des droits de la ville, du mesurage, etc.). Indépendamment de ce certificat particulier accompagnant chaque envoi, les expéditeurs de charbons doivent adresser, à la fin de chaque mois, au *clerk* du *coal market*, un relevé de toutes les quantités de charbon qu'ils ont fait parvenir à Londres. L'omission de cette formalité ou l'inscription, sur les certificats ou les états, d'indications fausses donnent lieu au payement d'amendes de 10 livres sterling (250 francs).

Lorsque les charbons doivent être réexportés de Londres sur le même bâtiment ou sur un autre, il est accordé des *drawbacks* pour la restitution des droits perçus à l'entrée; mais, pour profiter de ces avantages, les propriétaires doivent déclarer au *clerk* du *coal market* leur intention de réexporter les charbons.

Des dispositions assez rigoureuses ont été prises par la loi anglaise pour prévenir les fraudes commerciales auxquelles la vente du charbon pouvait donner lieu (1 et 2, Guillaume IV, c. 76 ; 1 et 2, Victoria, c. 101).

Les charbons ne peuvent se vendre qu'au poids; ils doivent arriver à Londres soit en vrac, soit dans des sacs, dont le poids est uniformément fixé à 112 ou 124 livres, poids net (50 et 56 kilogrammes). Lorsque des charbons sont vendus, il doit être remis à l'acheteur un bulletin énonçant la qualité, la provenance et le poids des charbons; de plus, ce produit doit être pesé à toute réquisition de l'acheteur, et les voitures chargées du transport doivent être munies des instruments nécessaires pour que ce pesage puisse avoir lieu. Les infractions à ces diverses prescriptions, de même que les tromperies sur le poids ou la qualité du charbon, sont punies d'amendes qui varient de 5 à 50 livres sterling (125 à 1,250 francs).

Les charbons amenés à Londres sont déposés dans les docks ou dans les magasins (*wharves*); le dock Victoria est plus particulièrement affecté à ces marchandises.

Marché au charbon

La vente en gros s'opère, pour la majeure partie, sur échantillons, au marché au charbon (*coal market*). Ce marché, qui appartient à la corporation de Londres, a été reconstruit depuis peu d'années; il est situé en face du *Billingsgate market*.

Les ventes sont généralement accomplies par des

commissionnaires vendant au compte des expéditeurs; ils sont au nombre d'environ vingt-cinq, et ont tous un bureau dans le marché. De même qu'au *corn exchange* (marché aux grains), un certain nombre de *brokers* commissionnés par le lord maire exercent aussi au *coal market;* mais ils ne jouissent là, pas plus qu'ailleurs, d'aucun privilége.

Des règlements pour la police intérieure du marché peuvent être adoptés par la corporation de Londres; ils sont soumis, avant la mise à exécution, à l'approbation d'un des secrétaires d'État (ministre de l'intérieur).

Personnel du *coal exchange.*

Voici la liste des fonctionnaires et agents municipaux attachés au *coal exchange*, avec l'indication de leurs attributions :

Préposé au marché et contrôleur (*the clerk of the coal market and registrar*). Les fonctions de ce préposé ont un caractère fiscal, et consistent surtout à surveiller, sous l'autorité du comité des finances (*coal corn and finance committee*), la perception des droits sur les charbons, à recevoir et à enregistrer tous les certificats afférents aux charbons amenés par bateau dans le port de Londres, ou introduits dans un rayon de 20 milles (33 kilomètres) autour de Londres, par chemins de fer, canaux, voitures, etc. Ce fonctionnaire vérifie et approuve ces certificats avant d'envoyer au receveur des droits sur le charbon l'ordre de faire la perception des taxes. Il examine et transmet avec son avis les demandes relatives à l'obtention de *drawbacks* pour les charbons destinés à la réexportation. Son traitement est fixé à 1,000 livres sterling (25,000 francs) par an ; mais il est obligé de prélever, sur cette somme, les appointements de commis (*clerks*) placés sous ses ordres.

Le receveur des droits sur le charbon (*clerk and collector of the coal duties*) effectue, d'après les avis (*order*) qui lui sont adressés par le contrôleur, la perception des droits sur le charbon, et en verse chaque jour le montant entre les mains du chambellan (*chamberlain*) qui remplit les fonctions de trésorier de la corporation. Le receveur est chargé de la location des bureaux, bancs et places du *coal exchange*, reçoit les prix de location, et remet au chambellan les fonds provenant de cette origine, qui sont spécialement affectés aux frais d'entretien et de réparation du *coal exchange*. Ce fonctionnaire dépose un cautionnement pour la garantie de ses fonctions. Son traitement est de 650 livres sterling (16,250 francs) par an.

L'inspecteur du commerce du charbon (*the inspector of coal traffic*) exerce ses fonctions sous l'autorité du comité des finances et du contrôleur du charbon. Il contrôle les registres afférents au commerce du charbon tenus dans les bureaux ou les stations des chemins de fer, ou par les compagnies de canaux ; assure l'exécution, par les maîtres de bateaux (*ships masters*) des règlements relatifs au commerce du charbon; inspecte et signale les bateaux de charbon déchargés dans les magasins particuliers (*in coal wharves*) et dont les chargements ne doivent pas être vendus au *coal exchange*. Il perçoit les droits sur les charbons amenés par les routes de terre, et a diverses autres attributions secondaires. Son traitement est de 250 livres sterling (6,225 francs) par an. Il a, en outre, son passage gratuit sur toutes les lignes de chemins de fer dans un rayon de 20 milles autour de Londres; enfin il a à sa disposition, sur la Tamise, un bateau avec les hommes d'équipage.

Les autres agents attachés au marché au charbon se composent de deux *beadles* ou constables assermentés, qui se tiennent au marché trois fois par semaine : ils sont chargés de la police du marché et de ses dépendances; ils remplissent, en outre, les fonctions de messagers (*messengers*) près des contrôleurs et receveurs du marché. Le premier constable (*upper beadle*) a un salaire de 100 livres sterling (2,500 francs) par an; il lui est alloué, en outre, un logement, le charbon et le gaz nécessaire à son usage. Le deuxième constable (*under beadle*) reçoit également 100 livres sterling (2,500 francs) et un uniforme, mais il n'a pas de logement.

En 1858, les produits du droit de 13 shillings par tonne de charbon se sont élevés à 236,118 li- Produits des droits sur le charbon en 1858.

vres sterl. 16 shill. 9 den. (5,902,951 francs) sur lesquels 73,200 livres sterling (1,830,000 francs) environ représentent le montant de 4 pence par tonne appartenant à la corporation de Londres, le surplus de la recette étant perçu au profit du Trésor public.

Il n'existe plus de droit de marché sur les charbons vendus au *coal exchange* : ces droits ont été perçus pendant une assez longue période de temps, et leurs produits accumulés ont servi à la reconstruction du *coal exchange*, il y a une douzaine d'années; depuis cette époque, ils ont été supprimés. La corporation de Londres retire seulement un prix de location des bureaux et emplacement du *coal exchange*. Le produit de ces locations a été, en 1855, de 1,550 livres sterling (38,750 francs).

Enfin la corporation publie, pour les besoins du commerce, des relevés des arrivages de charbon (*import lists of coal*) qui lui rapportent environ 260 livres sterling (6,500 francs) par an.

MARCHÉS DE DÉTAIL.

Il a été dit plus haut que la plupart des marchés d'approvisionnement de Londres réunissaient la vente en gros à la vente au détail; le marché aux bestiaux est, par sa nature même, le seul qui comporte uniquement la première de ces deux espèces de vente; les bourses aux blés et farines et aux charbons, où les ventes se font sur échantillons, se trouvent dans les mêmes conditions.

La vente au détail a lieu soit concurremment avec la vente en gros, soit après celle-ci : sur les marchés où les ventes en gros n'ont lieu qu'à certains jours de la semaine (tels que les marchés aux légumes), les autres jours, les places occupées par les approvisionneurs peuvent être données par les propriétaires du marché à des marchands de détail. Sur ces marchés, comme sur les marchés de gros, d'ailleurs, la distribution des places est entièrement laissée à la libre disposition des propriétaires, qui choisissent les locataires comme ils l'entendent, et peuvent louer les boutiques ou emplacements, soit à la semaine, soit au mois ou à l'année. Ces locations sont soumises aux mêmes règles que celles des magasins ordinaires, et l'on suit à cet égard le principe, que les marchés, une fois institués légalement, deviennent la propriété exclusive et incommutable des concessionnaires, au même titre que les autres immeubles.

Il suit de là que les fonds de commerce établis sur les marchés sont, au regard des titulaires, dans les mêmes conditions que les boutiques établies dans la ville. Ils sont transmissibles de la même manière, avec l'agrément des propriétaires toutefois, qui sont toujours libres de refuser les locataires qui se présentent.

Les marchés au détail sont, de même que les

autres marchés, institués par les actes du Parlement, et ces actes ne limitent même pas la nature des ventes qui peuvent y être opérées; ce sont les usages ou les nécessités commerciales seulement qui décident si le marché est, en fait, un marché de gros ou un marché de détail.

Les perceptions à faire au profit des propriétaires sont de la même nature que sur les autres marchés; elles se composent à la fois de redevances pour la location proprement dite des boutiques, et de taxes sur les denrées exposées en vente.

Portman market.

Voici, du reste, une analyse des principales dispositions afférentes au marché de Portman, un des plus importants marchés au détail de Londres, situé dans le *West-End.*

Règlement.

Ce marché, qui conserve le nom du propriétaire, M. Portman, a été concédé et est réglementé par les actes du Parlement (11, George IV, c. 71, 29 mai 1830; et 2, Guillaume IV, c. 113, 17 juillet 1832).

Ces actes portent que la concession est faite à M. Portman et à ses héritiers ou ayants droit, à titre perpétuel; que le marché est institué pour la vente de la viande, du poisson, de la volaille, de la farine, du beurre, du fromage et autres denrées d'alimentation, et pour celle du foin, de la paille, des légumes, de la verdure, des fruits, plantes, fleurs, racines, graines et autres productions de la terre, ainsi que de tous autres objets ou marchandises (le bétail et les grains exceptés) [1].

Le propriétaire a le droit d'indiquer les emplacements du marché où les ventes peuvent avoir lieu, et ceux où les voitures doivent stationner.

La location des boutiques et emplacements peut être faite de gré à gré par le propriétaire.

Les taxes sur les denrées exposées en vente doivent se maintenir dans les limites des tarifs annexés à l'acte d'institution [2].

De même, pour les droits perçus pour le stationnement des voitures vides.

Le propriétaire est autorisé à établir, dans des locaux spéciaux, des abattoirs, et à les louer à des tiers.

Lorsque des emplacements ne sont pas occupés par des titulaires, le propriétaire peut en permettre l'occupation à d'autres personnes, à titre temporaire.

Le payement des droits de location et des taxes peut être poursuivi au moyen de la saisie et de la vente des objets placés sur le marché et appartenant au retardataire.

(1) La défense de vendre des grains sur ce marché était une conséquence des lois qui régissaient alors le commerce des céréales. Depuis la réforme des *corn-laws* en 1846, cette interdiction, sans avoir été formellement rapportée, est tombée en désuétude.

(2) Voir ce tarif à l'appendice.

Le concessionnaire peut nommer des *clerks* ou autres agents chargés de la surveillance du marché et de la perception des droits.

Il a la faculté de prescrire des règlements pour le maintien du bon ordre et pour la police générale du marché, et de les sanctionner par des amendes prononcées contre les délinquants; ces règlements doivent être affichés dans un endroit apparent du marché.

Principaux marchés de détail.

Le nombre des marchés de détail n'est pas très-considérable; les plus importants sont, outre *Portman market*, ceux d'*Oxford*, *Hungerford*, *Clare street*, *Saint-George's*, *Brooker*, *Mayfair*, *Paddington*, *Newport*, *Newcat et Lambeth walk.*

Tous ces marchés sont des propriétés particulières; aucun d'eux n'appartient à la corporation municipale de Londres.

Détaillants de Londres.

En dehors des marchés, la distribution des denrées de consommation s'opère, dans les divers quartiers de cette vaste métropole, par les détaillants établis et par de très-nombreux marchands ambulants. Voici quelle était, d'après le recensement officiel de 1851, la nomenclature des personnes qui concouraient alors à la répartition de l'approvisionnement; dans ces chiffres sont compris les ouvriers et agents attachés à chaque commerce :

PROFESSIONS.	NOMBRE.
Épiciers	7,151
Laitiers et nourrisseurs	3,530
Marchands de fromage	2,156
Bouchers	11,719
Marchands de volailles	551
Marchands de poisson	2,389
Autres marchands de comestibles	2,901
Fruitiers	4,266
Boulangers	10,321
Pâtissiers, etc	2,148
Brasseurs	2,499
Restaurateurs et cafetiers permissionnés	12,253
Marchands de vins et de spiritueux	1,930
Autres débitants de boissons	4,302
Marchands de sel	37
Porteurs d'eau	428
Hôteliers et aubergistes	743
TOTAL	71,254

Dans ce total de 71,254 personnes, ne figurent pas les marchands ambulants (*costermongers*, *hawkers*), les détaillants des marchés et les étalagistes (*stall keepers*), dont le nombre est évalué à 30,000 environ. Ainsi, en 1851, plus de 100,000 personnes étaient occupées par les commerces se rattachant à l'alimentation publique.

RÉSUMÉ.

Je viens de mettre sous les yeux de Votre Excellence les résultats des investigations auxquelles je me suis livré sur l'organisation des marchés et sur les diverses branches du commerce de Londres en denrées de consommation.

Les faits les plus caractéristiques qui ressortent de cette étude peuvent, je crois, se résumer de la manière suivante :

Londres, cette vaste capitale, qui compte près de 3 millions d'habitants agglomérés sur un territoire de plus de 30,000 hectares, reçoit chaque jour, soit par la Tamise, soit par les chemins de fer, de larges approvisionnements de tous les objets de consommation, dont l'apport et la distribution, abandonnés à la libre action du commerce, en dehors de toute intervention administrative, s'opèrent avec une régularité et une célérité remarquables.

L'importance de ces approvisionnements est telle que, non-seulement ils peuvent suffire à tous les besoins de la métropole, mais que Londres devient encore un immense entrepôt dans lequel le reste du Royaume-Uni et les pays étrangers viennent puiser une partie des objets nécessaires à leur consommation.

Cette vaste agglomération de marchandises de toute nature est due surtout à la puissante initiative d'un commerce qui trouve dans la liberté les moyens de plier ses combinaisons aux exigences multiples auxquelles il doit pourvoir, et qui offre, par sa forte organisation, les garanties les plus sérieuses de sécurité et de stabilité.

Le développement des opérations commerciales est d'ailleurs puissamment secondé par les facilités et les ressources que présente, sous le rapport du crédit, l'institution des docks et des *warrants*.

Le commerce en gros des objets de consommation est presque entièrement concentré entre les mains d'intermédiaires, dont les uns (*salesmen*) sont librement choisis par leurs commettants, et dont les autres (*auctionners* et *brokers*) reçoivent soit de l'État, soit de la corporation municipale, une investiture officielle, dont le but est surtout fiscal, et qui ne donne naissance à aucun privilége. Une fois institués, ceux-ci, de même que les premiers, n'ont de compte à rendre qu'à leurs commettants et sont affranchis de tout contrôle administratif. Libres de faire le commerce pour leur propre compte, ces intermédiaires s'en abstiennent pour la plupart, et n'exercent guère que comme commissionnaires.

Les commissionnaires se spécialisent généralement par nature de denrées; et, dans chaque branche de commerce, on en trouve un grand nombre dont les opérations se font sur une échelle immense et qui sont à la tête de fortunes considérables. Les commerçants qui ont acquis de pareilles situations, bien loin de songer à se retirer des affaires, tiennent, au contraire, à honneur de rester à leur poste jusqu'au moment où ils peuvent céder à leurs enfants des établissements dont la prospérité est solidement assise, car l'esprit de tradition maintient généralement dans les familles ces maisons, de même que celles d'un ordre plus modeste.

Les commissionnaires de Londres forment assez souvent entre eux des associations libres, ayant un caractère à la fois charitable et commercial, qui sont de nature à maintenir l'honorabilité et l'intégrité du corps, sans atténuer les effets d'une concurrence toujours sérieuse et active.

Parmi les intermédiaires, les seuls qui exercent sur les marchés proprement dits sont les *salesmen* ou commissionnaires. Les *brokers* et *auctionners*, munis de commissions officielles, n'interviennent que pour les ventes des produits vendus sur échantillon dans les bourses et les salles publiques, tels que les blés et farines, les charbons, les denrées coloniales, etc. Un certain nombre de ces marchandises se vendent, par leur ministère, aux enchères publiques.

D'autres denrées sont vendues directement soit par des intermédiaires, soit par les expéditeurs ou par les marchands, dans les docks et les magasins où elles sont déposées.

Diverses combinaisons particulières sont encore adoptées pour la vente de quelques articles; mais la majeure partie des denrées alimentaires se vendent en gros sur des marchés publics, et le commerce a une tendance de plus en plus marquée à abandonner les moins importants de ces marchés pour centraliser toutes les opérations afférentes à chaque nature de marchandise sur un marché unique. Ce mouvement spontané de concentration, qui sert également les intérêts du commerce et de la consommation, devient chaque jour plus manifeste.

A l'exception du marché aux bestiaux, de la halle aux blés et farines et du marché au charbon, tous les marchés servant à l'approvisionnement réunissent la vente en gros à la vente au détail.

Ils ont chacun une organisation propre, dont les bases sont ordinairement posées par les actes parlementaires qui les ont institués. Ils appartiennent soit à la corporation municipale de Londres, soit à des compagnies ou à des particuliers; les concessionnaires, quels qu'ils soient, ont les mêmes droits, et la corporation de la Cité n'intervient qu'à titre de propriétaire sur les marchés qui lui appartiennent, et n'exerce pas d'action sur les autres.

Les marchés sont soumis à des règlements établis, en vertu de ces mêmes actes d'institution, par les propriétaires, et ayant surtout pour objet la fixation des jours et des heures pour la tenue des marchés, le maintien du bon ordre, la salubrité des denrées, la fidélité du débit.

Sur tous ces marchés, il existe des droits ayant le double caractère de droits de place et de taxes sur les denrées. Ces droits sont perçus au profit des concessionnaires, quels qu'ils soient.

Des préposés spéciaux, réunissant les fonctions d'inspecteurs et de receveurs des droits et assistés d'agents inférieurs, sont attachés à tous ces marchés. Ils veillent à la salubrité des denrées, maintiennent le bon ordre, et distribuent les places aux divers occupants.

Sur les marchés appartenant à la corporation municipale, le personnel de perception et de surveillance a une organisation hiérarchique et est placé sous l'autorité du conseil communal et des comités spéciaux qui en dépendent. Mais ces agents n'ont pas des droits plus étendus et ne sont pas protégés par des dispositions plus favorables que les agents similaires placés sur les marchés particuliers.

Sur un certain nombre de marchés, le chargement et le déchargement des denrées s'opère par des porteurs dont l'emploi est obligatoire, et qui sont nommés par les propriétaires ou concessionnaires.

Des marchés de détail réunissant la vente de diverses espèces de marchandises existent dans les différents quartiers de Londres. Ces marchés sont institués, comme les autres, par actes législatifs, et sont l'objet de règlements analogues. On y perçoit des taxes semblables, et les places y sont distribuées de même par les propriétaires ou leurs représentants. En fait, tous ces marchés de détail appartiennent à des particuliers.

En dehors des droits établis sur les marchés qui sont sa propriété, la corporation municipale de la Cité ne perçoit sur les objets apportés à Londres ni taxe d'octroi ni taxe de consommation proprement dite; mais, en vertu d'anciens priviléges qui se rattachent aux règlements concernant la navigation, elle prélève, sous le nom de droits de mesurage ou autres, des taxes assez modérées sur certains objets arrivant dans le port de Londres, tels que les huîtres, les grains, les charbons, les fruits, etc. Le commerce s'est plaint fréquemment de ces droits à cause des entraves qu'ils apportent à ses opérations; leur produit, d'ailleurs, est assez peu important, et ils ne sont maintenus qu'en vertu de cet esprit de tradition qui repousse en Angleterre l'abrogation formelle de certaines institutions même surannées. Ces droits ne s'étendent pas aux apports faits par toute autre voie que la Tamise, et dont l'introduction à Londres est affranchie de toute restriction.

APPENDICE.

MONNAIES ET MESURES ANGLAISES.

MONNAIES.

Denier (*penny*), 1/12 de shilling, 0 fr. 1041.
Farthing, 1/4 de denier, 0 fr. 026.
Shilling, 1 fr. 25 cent.
Livre sterling (*pound*), 25 francs.
Guinée, 21 shillings, 26 fr. 25 cent.

MESURES DE LONGUEUR.

Pouce (*inch*), 0 mètre 0254.
Pied (*foot*), 0 mètre 3047.
Yard, 0 mètre 9144.
Mile, 1609 mètres 3149.

MESURES DE SUPERFICIE.

Pied carré superficiel, 0 mètre carré 0929.
Yard carré, 0 mètre 8361.
Rod (*perch* carré), 25 mètres 2920.
Acre, 0 hectare 4047.

MESURES DE CAPACITÉ.

Pint, 0 litre 5679.
Quart, 1 litre 1358.

Gallon impérial, 4 litres 5434.
Peck, 9 litres 0869.
Bushel, 36 litres 3476.
Sack, 1 hectolitre 0904.
Quarter, 2 hectolitres 9078.
Last (pour les grains), 30 hectolitres.
Barrel (pour la bière, 36 gallons), 1 hectolitre 6354.

POIDS.

Once, 0 kilog. 0883.
Livre *avoirdupoids* (*pound*), 0 kilog. 4536.
Quintal (112 livres), 50 kilog. 796.
Ton (20 quintaux), 1015 kilog. 920.
Barrel (pour le beurre), 224 livres anglaises, 101 kilog. 592.
Idem (pour les raisins), 112 livres, 50 kilog. 796.
Idem (pour la farine), 196 livres, 88 kilog. 688.
Firkin (pour le beurre), 56 livres, 25 kilog. 398.
Stone (pour la viande), 8 livres, 3 kilog. 6344.
Idem (pour le poisson), 14 livres, 6 kilog. 360.
Truss (pour le foin), 56 livres, 25 kilog. 398.
Idem (pour la paille), 36 livres, 16 kilog. 308.
Load, 36 *truss* de paille ou de foin.

TARIF DES DROITS DE PLACE

SUR

LES MARCHÉS DE COVENT-GARDEN ET DE PORTMAN.

EXPLICATIONS PRÉLIMINAIRES CONCERNANT LES TARIFS CI-APRÈS :

Le mot wagon (*waggon*) indique une voiture à quatre roues.
Le mot chariot (*cart*) indique une voiture à deux roues.

Round, sorte de petite manne ronde et plate, dans laquelle on apporte les fraises, les framboises, etc., et quelques autres fruits.

Head load, littéralement *charge de tête,* désigne la quantité de denrées qui peut être portée sur la tête par les personnes qui emploient ce mode de transport.

Flat, spécialement employé pour les asperges, indique la contenance des paniers ou mannes sur lesquels ces légumes sont ordinairement apportés.

Chest indique la contenance des caisses dans lesquelles les oranges et citrons sont apportés.

Jar (jarre), vaisseau de terre contenant environ 80 pintes.

Hottée (*hamper*), contenance des hottes dans lesquelles on transporte certains fruits et légumes.

Flitch, flèche de lard, partie du porc comprise entre l'épaule et la cuisse.

MARCHÉ DE COVENT-GARDEN.

Tarif annexé à l'acte parlementaire du 27 juin 1828. (Acte 9, George IV, c. 113.)

PLACES MOBILES (*CASUAL*) POUR LES VOITURES.

	sh.	d.	fr.	c.
Par wagon chargé en totalité, ou en majeure partie, de carottes	1	6	1	875
Par wagon chargé de fruits, fleurs, légumes, racines et herbes	1	0	1	25
Par charriot (*cart*) chargé en totalité, ou en majeure partie, de carottes	1	0	1	25
Par chariot (*cart*) chargé de fruits, fleurs, légumes, racines et herbes	0	4	0	41

Pour chaque place occupée par toute personne venant vendre des fruits, fleurs,

	sh.	d.	fr.	c.
légumes, racines et herbes, et n'étant ni le producteur, ni l'expéditeur de ces denrées. . . . . par jour.	1	0	1	25
Pour chaque place occupée de toute manière autre que celles spécifiées dans le présent acte. . . . . par jour.	1	0	1	25
Les droits établis sur les wagons et voitures sont dus également, soit que ces voitures stationnent sur les emplacements désignés, soit que le contenu y soit déchargé et exposé en vente.				

PLACES ANNUELLES POUR LES VOITURES.

	sh.	d.	fr.	c.
La location a lieu, par pied carré superficiel et par an, à raison de.	1	0	1	25
Pour les fruits, fleurs, légumes, racines et herbes qui ne proviennent pas des cultures du titulaire des places, et qui sont exposés en vente sur ces emplacements, le droit est, par wagon et par jour, de. .	1	0	1	25
Idem, par chariot.	0	4	0	41
Par place occupée de toute manière autre que celles spécifiées dans le présent acte, par jour.	1	0	1	25

PLACES POUR LES POMMES DE TERRE.

	sh.	d.	fr.	c.
Par place louée à l'année, le prix de location est de.	1	0	1	25
par pied carré superficiel, et par an, indépendamment d'un droit proportionnel de.	0	2	0	20

	sh.	d.	fr.	c.
par sac de pommes de terre exposé en vente, ou de	1	2	1	45
par tonne, pour les quantités supérieures à un sac.				
Pour les pommes de terre exposées en vente par toutes personnes autres que les titulaires de places, le droit est, par sac, de.	1	0	1	25
et pour les quantités inférieures ou supérieures à un sac, la perception se fait à raison de	1	2	1	45
la tonne.				

EMPLACEMENT DU MARCHÉ AUX FRUITS.

	sh.	d.	fr.	c.
Cerises, par boisseau	0	1/2	0	05
et proportionnellement pour les quantités moindres ou supérieures.				
Pommes, poires, prunes, abricots, pêches, groseilles à maquereau, groseilles en grappes, raisins de Corinthe, le boisseau, etc.	0	1/2	0	05
Fraises, framboises et fruits de même espèce, par manne (*round*) ou charge de tête (*head load*)	0	2	0	20
Châtaignes, noix, noisettes, etc., par boisseau	0	1/2	0	05
Idem, par sac	0	1	0	10
Pois, haricots, fèves, par boisseau	0	1/2	0	05
Idem, par sac	0	1	0	10
Oignons, par boisseau	0	1/2	0	05
Asperges, par *flat*	0	1	0	10
Carottes, par 20 douzaines de bottes	1	6	1	875
Oranges, par *chest*	0	4	0	41

	sh.	d.	fr.	c.
Oranges, par caisse..................	0	2	0	20
Les titulaires des places louées à l'année payent, en sus de ces droits, une redevance annuelle fixée à raison de.......	1	0	1	25
par pied carré superficiel.				
Pour toutes les places situées sous des abris, il est payé, en outre, par pied superficiel, une redevance supplémentaire annuelle de............................	0	3	0	31
Pour l'usage des balances, il est dû un droit de............................	0	1/2	0	05
par pesée.				

PLACES DITES PLACES ANNUELLES.

	sh.	d.	fr.	c.
Pour chaque place, la redevance annuelle est fixée à raison de...............	1	0	1	25
par pied carré superficiel.				
Pour les fruits, fleurs, légumes, racines et herbes n'appartenant pas au titulaire de la place, et exposés en vente, le droit est, par wagon, de....................	1	0	1	25
Idem, par voiture....................	0	4	0	41
Pour toute place occupée d'une manière autre que celles spécifiées dans le présent acte, le droit est, par jour, de........	1	0	1	25
Dans les places situées sous des abris, il est dû, en sus, une redevance spéciale, fixée à raison de......................	0	3	0	31
par an, par pied carré superficiel.				

PLACES RÉSERVÉES AUX FLEURS.

	sh.	d.	fr.	c.
Par place louée à l'année, la redevance annuelle est, par pied carré superficiel, de	1	8	2	10

	sh.	d.	fr.	c.
Pour les places situées sous des abris, il est dû, en outre, une redevance supplémentaire de	0	3	0	31
par an et par pied carré superficiel.				

AUTRES EMPLACEMENTS DU MARCHÉ, À L'EXCEPTION DES BOUTIQUES [1].

	sh.	d.	fr.	c.
Houx et arbres verts, par wagon	3	0	3	75
Idem, par voiture	2	0	2	50
Cresson et herbes de printemps exposées en vente par toutes personnes autres que des locataires à l'année, par charge de tête (*head load*) ou panier	0	1	0	10
Plantes médicinales, herbes sèches, exposées en vente par tous autres que des locataires à l'année, par wagon	1	0	1	25
Idem, par voiture	0	4	0	41
Oranges, par *chest*	0	4	0	41
Idem, par caisse	0	2	0	20
Fleurs et plantes d'agrément, par place occupée par tous autres que des locataires à l'année, par jour	0	6	0	625

MARCHÉ DE PORTMAN.

Tarif annexé à l'acte du 17 juin 1832. (2 et 3, Guillaume IV, c. 113.)

	sh.	d.	fr.	c.
Oranges et citrons, par *chest*	0	4	0	41
Idem, par boîte	0	2	0	20
Autres fruits étrangers, par boîte ou *jar* . .	0	1/2	0	05
Idem, par caisse, boîte ou panier	0	2	0	20

[1] Les boutiques sont louées à l'amiable.

	sh.	d.	fr.	c.
Fruits anglais de toutes espèces, pommes et poires de provenance étrangère, par boisseau	0	1/2	0	05
Idem, par charge de tête, hottée, etc	0	2	0	20
Châtaignes, noix et noisettes, par boisseau	0	1/2	0	05
Idem, par *sack*	0	1	0	10
Pommes de terre, par sac	0	2	0	20
Idem, pour des quantités supérieures ou inférieures, sur le pied de la tonne.	1	2	1	45
Pois, haricots et fèves, par boisseau	0	1/2	0	05
Idem, par sac	0	1	0	10
Oignons, par boisseau	0	1/2	0	05
Asperges, par *flat*	0	1	0	10
Carottes, 20 douzaines de bottes	1	6	1	875
Légumes, racines, graines et herbes de toutes espèces, par paquet, panier, charge de tête	0	1	0	10
VIANDE ABATTUE, par bœuf entier	0	4	0	41
Idem, par mouton entier	0	1	0	10
Idem, par agneau entier	0	1/2	0	05
Idem, par veau entier	0	2	0	20
Idem, par porc entier	0	1	0	10
Viande dépecée, pour 1 quintal anglais	0	2	0	20
Idem, de 1 à 2 quintaux	0	3	0	31
Idem, pour plus de 2 quintaux	0	4	0	41
Lard, par flèche (*flitch*)	0	3	0	31
Fromage, par quintal anglais	1	0	1	25
Porc salé, le baril } Jambon, lard, œufs par panier } Beurre, le *flat* }	0	1	1	25
ÉTAUX, par pied courant et par semaine	1	0	1	25

	sh.	d.	fr.	c.
Le prix pour la garde, dans les écuries du marché, des chevaux et autres animaux amenant des denrées au marché, est fixé, par tête et par vingt-quatre heures, à..	o	3	o	31

DROITS DE STATIONNEMENT DES WAGONS ET VOITURES.

	sh.	d.	fr.	c.
Pour un wagon ou une voiture vide, par semaine..........................	2	6	3	12
Pour un wagon ou une voiture chargée ou vide, par vingt-quatre heures.........	1	o	1	25
Ce droit n'est pas dû pour tout wagon ou voiture chargés, apportant des denrées au marché, pourvu que ces wagons ou voitures arrivent le jour du marché avant l'heure de la clôture, et qu'ils n'y séjournent pas plus de trois heures après cette clôture.				
La location à l'année de places destinées au stationnement des voitures chargées, ou à la vente des denrées indiquées dans le présent acte, se paye à raison de......	1	o	1	25
par an et par pied carré superficiel.				

TABLE DES MATIÈRES.

CORRECTIONS.

Page 123, ligne 16, *au lieu de* 1,000 à 1,200 tonnes, *lisez* 1,500 à 1,700 tonnes anglaises.

Page 123, lignes 19 et 20, *au lieu de* 55,000 tonnes, etc., *lisez* 83,000 tonnes anglaises, représentant 84,500,000 kilogrammes.

Page 137, ligne 12, *au lieu de* facteurs, *lisez* intermédiaires.

www.ingramcontent.com/pod-product-compliance
Ingram Content Group UK Ltd.
Pitfield, Milton Keynes, MK11 3LW, UK
UKHW021129260726
13994UKWH00001B/65

9 782329 3466